Thorben Prenzel

Fake News

Moderne Lügen entlarven
und enspannt reagieren

W0039588

**WOCHEN
SCHAU
VERLAG**

Bibliografische Information der Deutschen Nationalbibliothek

Die Deutsche Nationalbibliothek verzeichnet diese Publikation in der Deutschen Nationalbibliografie; detaillierte bibliografische Daten sind im Internet unter http://dnb.d-nb.de abrufbar.

Hier geht's zum Blog des Autors:

www.gegen-fake-news.de

©   WOCHENSCHAU Verlag,
     Dr. Kurt Debus GmbH
     Frankfurt/M. 2019

www.wochenschau-verlag.de

Zeichnungen: Claudia Weber
Gesamtherstellung: Wochenschau Verlag
Gedruckt auf chlorfrei gebleichtem Papier
ISBN 978-3-7344-0699-7 (Buch)
E-Book ISBN 978-3-7344-0700-0 (PDF)

Inhalt

„Es gibt nur zwei Dinge, die unendlich sind: Das Universum und die Dummheit der Menschen. Wobei ich mir beim Universum nicht so sicher bin."

fälschlicherweise Albert Einstein zugeschrieben

Ein Vorwort zum Buch

Familienabend: Man sitzt nett bei-
einander. Das Essen war lecker,
Onkel und Tanten haben mitge-
holfen und jetzt sitzen alle noch in
gemütlicher Runde beisammen,
trinken einen angenehmen Rotwein
und unterhalten sich über weit ent-
fernte Familienmitglieder, die man lange nicht gesehen hat.

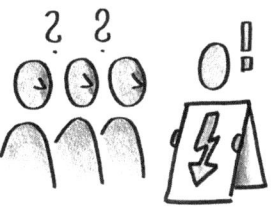

Eigentlich könnte es so schön sein, aber wie in jeder Runde gibt
es auch hier jemanden, der es nicht schafft, einfach mal mitzu-
machen und die Atmosphäre zu genießen. In unserem Beispiel
ist es Onkel Paul. Natürlich gehört er dazu und wird auch gerne
eingeladen. Nur gegen späteren Abend ist es für alle klüger,
gewisse Themen nicht anzusprechen. Alle geben sich viel Mühe,
das Gespräch zu kontrollieren, aber natürlich schafft es der
Onkel, zielsicher sein Lieblingsthema anzubringen. Beim
Gespräch über Tante Frieda, die alle schon lange nicht mehr
gesehen haben, passiert es. „Die hat doch auch so einen Ausländer geheiratet. Kein Wunder, dass die sich nicht mehr
melden darf. Wahrscheinlich lässt der sie nicht mal vor die
Haustür." Die Reaktion: Alle schweigen betreten. Wie soll man
jetzt damit umgehen?

Mit der Fußballmannschaft unterwegs: Das Spiel ist gewonnen
und danach geht es wie immer traditionell noch zum Italiener.
Die Stimmung ist locker und man unterhält sich angeregt über
die einzelnen Spielszenen. Dabei kommt das Gespräch auch
auf die nächsten Sommerferien und darauf, wer in den Urlaub
fliegt. Und Manfred, ein baumharter Verteidiger, nutzt gleich
die Gelegenheit, sich über die „Chemtrails" der Amerikaner
auszulassen. (Für alle, die nicht Bescheid wissen, das sind Chemikalien, die die Amerikaner angeblich versprühen, um die
Deutschen unfruchtbar zu machen – zu erkennen an den Kon-

densstreifen.) „Das weiß man ja nicht so genau, was dahintersteckt." Mehr ist aus Manfred auch trotz mehrmaligen Nachfragens nicht herauszubekommen. Irgendwann wird das Thema gewechselt.

Beim netten Plausch: Zum Beispiel mit den Kollegen an der büroeigenen Kaffeebar. Man redet über dies und das, wie das Projekt läuft und was man abends so vorhat. Heute ist Vollmond. Und wissend erzählt Stefanie, die nette Kollegin aus der Buchhaltung, dass die Amerikaner ja auch gar nicht auf dem Mond gewesen seien. Das hätten die in Hollywood ganz schlecht nachgestellt. Man sehe doch, wie die Fahne im Wind flattert. Alle lachen und einer erzählt noch, er kenne diese Verschwörungstheorie, die wurde schon häufig per WhatsApp weitergeleitet. Und die Fahne sei mit einer Querstange befestigt worden. Nur Stefanie lacht nicht mit. Sie wisse es schließlich aus glaubwürdiger Quelle und wir sollten uns alle nicht so sicher sein, „die da oben" würden doch eh machen, was sie wollen.

So ungefähr spielen sich Szenen ab, die jeder von uns kennen dürfte. Die Beteiligten sind vielfältig: die Familie, der Sportverein, die Arbeitskollegen, der Freundeskreis, der Stammtisch oder auch der nette Kneipenabend mit guten Freunden … Auch den Themen sind keine Grenzen gesetzt: Ausländer, Klimawandel, allgemeine Politik (gerne mit der Aussage: „Sind eh alles Verbrecher"), Amerika, die Russen, jüdische Weltverschwörung, islamische Weltverschwörung und was einem sonst noch so einfällt. Die Auswahl an Themen ist schier unendlich. Und auch Prominenz macht mit: Trump, AfD, Putin, Orban – mit Falschmeldungen Stimmung zu machen ist ein Mittel der Politik geworden.

Und was vielleicht am interessantesten dabei ist: das Beharren des Gegenübers auf seiner Meinung. Mit einem Nachdruck, der komplett diametral zum gesunden Menschenverstand oder zum logischen Denken steht. Argumente helfen nicht weiter, reden bringt nichts, sondern führt nur zu Streit. Hinweise auf Schwachstellen in der Argumentation führen zu noch mehr

Schwachsinn. Am Ende bleiben nur ein fahler Geschmack im Mund und das Gefühl, versagt zu haben, obwohl man es doch eigentlich besser weiß.

Viele von uns waren oft genug in solchen Situationen und kennen das Gefühl nur zu gut. Aber: Nicht verzweifeln! Das muss nicht sein. Mit den richtigen Techniken und der richtigen Einstellung kommen Sie aus solchen Gesprächen gut heraus und haben manchmal (!) sogar Ihr Gegenüber zum Nachdenken gebracht. Nicht immer – dieses Buch verspricht keine Zaubermittel. Aber es werden Tipps und Tricks vorgestellt, die Auswege bieten; Anleitungen, um in solchen Situationen die Oberhand zu behalten; Konzepte, um den Gesprächspartner auszukontern. Kurz: Dieses Buch bietet eine Handlungsanleitung, um Ihnen das Rüstzeug mitzugeben, welches sie in solchen Situationen benötigen.

Viel Erfolg!

Thorben Prenzel

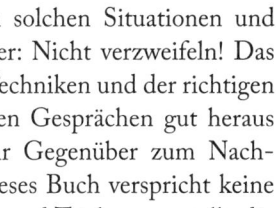

Hinweis: In diesem Buch wird zumeist die männliche Form verwendet, zum Beispiel Gesprächspartner statt Gesprächspartner*in. Dies ist ausschließlich der Lesbarkeit geschuldet. Ich bitte den Großteil der Bevölkerung (52 % der Bevölkerung sind weiblichen Geschlechts) um Nachsicht.

.

Kapitel 1: Einleitung

Wenn Sie dieses Buch gekauft haben, gehören sie schon einmal zu den Menschen, die sich Gedanken machen. Das ist gut! Viele andere Menschen tun dies nämlich nicht, oder nicht immer. Sie bekommen ihre Informationen ungefiltert von anderen Quellen und übernehmen diese. Auch wir handeln häufig so. Denn seien wir ehrlich, auch wir glauben viele Dinge, einfach weil sie so sind.

⮎ Das meiste entscheiden wir aus dem Bauch.

Ist das teure Shampoo wirklich besser als die Billigmarke? Ist das 400-Euro-Handy wirklich besser als das für 100 Euro? Müssen es die Schuhe, der Mantel, die Socken von der Marke XYZ sein? Fragen über Fragen. Natürlich gibt es Gründe, warum wir uns für gewisse Dinge entscheiden: als Statussymbol, weil alle anderen es auch haben und wir dazugehören wollen; weil wir es uns leisten können; weil wir uns auch mal was Gutes tun wollen und so weiter und so fort. Man sieht aber auch deutlich: Nur die wenigsten Gründe sind wirklich rational.

Kurz gesagt: Bei den allermeisten unserer Entscheidungen spielt nicht das Hirn die führende Rolle, sondern der Bauch (und manchmal auch das Herz). Wir glauben zwar, dass wir auf der Basis rationaler Überlegungen entscheiden, aber in den allermeisten Fällen folgen wir unseren Gefühlen. Und das ist auch gut so. Wenn wir jedes Mal entscheiden müssten, ob wir lieber ein Glas Tee oder einen Becher Kaffee wollen, wäre die Menschheit schon lange ausgestorben. Dies gilt umso mehr, als uns in unserer heutigen modernen Welt eine unübersichtliche Anzahl von Möglichkeiten zur Verfügung steht. Machen Sie sich also von dem Gedanken frei, dass wir alles rational betrachten.

➲ **Wir glauben gerne Dinge, die sich wahr anhören.**

Dieses Prinzip gilt ebenso für Fake News, alternative Fakten und Verschwörungstheorien oder kürzer: für gute Geschichten. Ob wir die als wahr empfinden, spielt weniger eine Rolle im Hirn als vielmehr im Bauch.

Wenn das Bauchgefühl sagt: „Da muss schon was dran sein!", schafft das Hirn es nur noch mit größter Mühe, dagegen anzukommen. Eine Leistung, die wir nicht immer aufbringen können oder wollen. Denn seien wir ehrlich, jeder von uns ist schon einmal auf ein Gerücht, eine gute Geschichte oder eine unwahre Nachricht hereingefallen, nur weil diese sich so gut, so stimmig angehört hat. Und sicherlich ist uns dies nicht nur einmal passiert. Im Gegenteil, nur manchmal fällt uns überhaupt auf, dass wir manipuliert worden sind. Dann, wenn wir die Geschichte hinterfragen und uns aktiv mit dem Wahrheitsgehalt beschäftigen. Was ist mit den Hunderten von Fällen, wo wir die richtige Version nicht kennen? Oder wo wir die ganze Geschichte nur nebenbei wahrgenommen haben? Irgendetwas bleibt immer hängen. Gegen das Bauchgefühl anzukämpfen und stattdessen das Hirn einzuschalten bedeutet, einen erheblichen Aufwand zu betreiben. Da ist es einfacher, eine gute Geschichte einfach zu glauben, als mit viel Energie den Wahrheitsgehalt herauszufinden.

➲ **Wir wollen nicht auf unsere Fehler hingewiesen werden.**

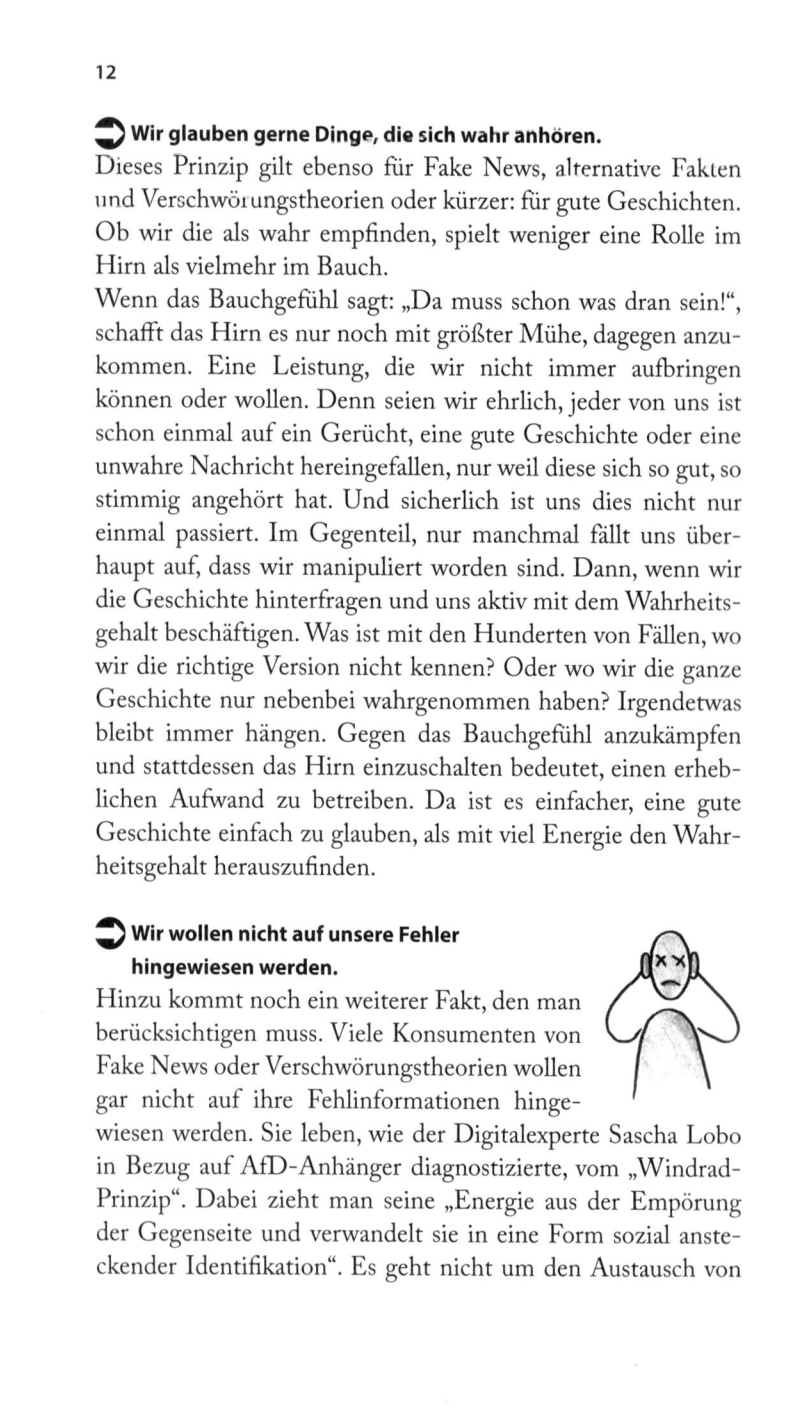

Hinzu kommt noch ein weiterer Fakt, den man berücksichtigen muss. Viele Konsumenten von Fake News oder Verschwörungstheorien wollen gar nicht auf ihre Fehlinformationen hingewiesen werden. Sie leben, wie der Digitalexperte Sascha Lobo in Bezug auf AfD-Anhänger diagnostizierte, vom „Windrad-Prinzip". Dabei zieht man seine „Energie aus der Empörung der Gegenseite und verwandelt sie in eine Form sozial ansteckender Identifikation". Es geht nicht um den Austausch von

Argumenten, sondern um die Suche nach Menschen, die genauso denken wie man selbst. Indem man seine Empörung, seine Emotionen rauslässt, sucht man sich also andere Menschen, die einen unterstützen, die man Freunde nennen kann – man sucht eine Gemeinschaft. Und hier entsteht ein wesentlicher Knackpunkt, der Gespräche mit diesen Menschen (fast) unmöglich macht. Indem ich genau entgegengesetzt argumentiere, zeige ich meinem Gegenüber, was ich von ihm halte. Ich unterstütze seinen Wunsch nach Gemeinschaft nicht, sondern zeige vielmehr Grenzen auf. Auf den Punkt gebracht: Ich zeige ihm, dass er gerade nicht dazugehört. Und damit ist man mitten im Streit.

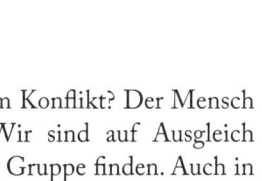 Das Neue: die Empörung

Aber warum kommt es überhaupt zum Konflikt? Der Mensch ist eigentlich ein soziales Wesen. Wir sind auf Ausgleich bedacht und wollen einen Platz in der Gruppe finden. Auch in Gesprächen, gerade unter Freunden, in der Familie oder am Arbeitsplatz, versuchen wir unser soziales Gesicht zu wahren. Normalerweise würden viele in kritischen Gesprächen irgendwann einlenken, eventuell bei Gegenwind versuchen, eine vermittelnde Position einzunehmen. Das geht aber nicht mehr, wenn ich in der Empörungsspirale gefangen bin: Wenn ich eh überzeugt bin, dass nur ich die richtige Meinung habe und alle anderen nicht; wenn die Gefühle schon die Oberhand gewonnen haben und mein Weltbild infrage gestellt wird dann ist das Beharren auf meiner Meinung das Einzige, was zählt. Alles andere ist nachrangig.

Was hilft?

Rationale Argumente helfen deshalb im Umgang mit Fake News-Vertretern nicht weiter. Im Gegenteil, sie verstärken beim Gegenüber noch den Unwillen, sich überhaupt mit einer anderen Sichtweise auseinandersetzen zu wollen. Stattdessen gilt es, die Emotionen aufzufangen und geschickt umzuleiten.

Erst so ist es möglich, den anderen zumindest zum Nachdenken anzuregen, oder natürlich noch besser, ihn ein kleines Stück von seiner Sichtweise abzubringen. Merken Sie sich also: Erst den Bauch ansprechen, dann das Hirn. Mit dieser Grundlage haben Sie den wesentlichen Baustein gelegt, den Sie für ein Gegenhalten in schwierigen Situationen benötigen. Hört sich einfach an, ist aber in der konkreten Situation schwerer umzusetzen, als es auf den ersten Blick erscheint.

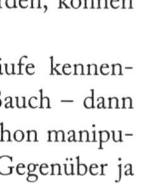

Die schlechte Nachricht: Die Verbohrten und Überzeugten können Sie nur schwer erreichen. Hier hilft nur eine Auseinandersetzung mit den dahinter liegenden Ursachen. Meist fühlt sich die Person in irgendeiner Weise nicht ausreichend wertgeschätzt. Den wahren Grund herauszufinden kostet Zeit, Kraft und Nerven. Trotzdem sollten Sie es versuchen, vor allem, wenn Ihnen die Person nahesteht.

Die gute Nachricht: Es gibt auch die große Gruppe der Sympathisanten, Mitläufer und Unentschiedenen; Menschen, die mal nicht nachgedacht haben, sondern nur eine gute Geschichte erzählen wollten; aber auch Menschen, die sich einfach mal Luft machen wollten, ohne an die Konsequenzen zu denken. Das sind diejenigen, die Argumenten noch aufgeschlossen gegenüberstehen. Diese Gruppe, zu der (hoffentlich) die meisten Ihrer Gesprächspartner gehören werden, können Sie noch erreichen – mit der richtigen Technik.

In diesem Buch werden Sie einfache Abläufe kennenlernen, mit denen sich das Grundmuster „Erst Bauch – dann Hirn" anwenden lässt. Für einige mag dies fast schon manipulativ klingen, aber zum einen wollen Sie Ihrem Gegenüber ja helfen, von seiner falschen Meinung herunterzukommen, und zum anderen ist Ihr Gegenüber ja schon manipuliert worden. Er hat eine Meinung übernommen, die (vielleicht auch nur Ihrer Meinung nach) rational betrachtet falsch ist. Sie werden sehen, in der Praxis funktionieren die Argumentationsmuster nicht nur, sondern werden auch zu einem besseren Miteinander führen. Versprochen!

Warnung: Es geht in diesem Buch nicht darum, immer recht zu haben (auch wenn es schön wäre). Ziel ist vielmehr, ein Gespräch auf Augenhöhe zu ermöglichen. Es gibt gute Gründe, anderer Meinung zu sein. Halten Sie es mit Voltaire: „Ich bin nicht einverstanden mit dem, was Sie sagen, aber ich würde bis zum Äußersten dafür kämpfen, dass Sie es sagen dürfen."

Kapitel 2: Was steckt hinter Fake News und modernen Lügen?

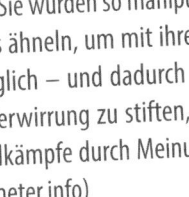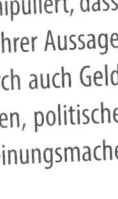

Viele Menschen glauben nur zu gerne Fake News, Verschwörungstheorien, Gerüchten oder alternativen Fakten, weil diese genau in die Arbeitsweise unseres Gehirns passen. Zudem sind durch die modernen Medien neue Möglichkeiten hinzugekommen, mit Fake News relativ schnell und unkompliziert ein breites Publikum zu erreichen. Das eigentlich alte Phänomen „Lüge" erhält so ein neues Gewand. Wir sind dem Phänomen Fake News aber nicht hilflos ausgesetzt.

2.1 Was sind Fake News?

Der Begriff „Fake News" ist ein relativ junger und nicht klar definierter Sammelbegriff für eine Vielzahl verschiedener Phänomene. Er setzt sich aus den beiden Begriffen „fake" (engl. für „gefälscht") und „news" (engl. für „Nachrichten") zusammen. Wörtlich übersetzt bezeichnet der Begriff folglich gefälschte Nachrichten. Jedoch wird mit „Fake News" im derzeitigen Diskurs ganz allgemein gesprochen jede Form von problemati-

„Fake-News" sind schädliche und manipulative Informationen, die absichtlich verbreitet werden. Sie wurden so manipuliert, dass sie glaubwürdigem Journalismus ähneln, um mit ihrer Aussage so viel Aufmerksamkeit wie möglich – und dadurch auch Geld - zu generieren. Ihr Ziel ist es, Verwirrung zu stiften, politische Gegner zu diffamieren oder Wahlkämpfe durch Meinungsmache zu beeinflussen. (Meinungsbarometer.info)

schen (und medial verbreiteten) Inhalten bezeichnet. Dabei kann es sich um offensichtlich gefälschte Informationen handeln, aber auch um ungenaue, versehentlich oder unabsichtlich verbreitete Informationen.

Ob wir die Nachrichten also Fake News, Gerüchte, alternative Fakten oder moderne Lügen nennen, ist erst einmal völlig unwichtig. In diesem Kapitel werden Fake News als Überbegriff für alle diese Dinge verwendet, zum einen weil sich die Wortkombination „Fake News" so eingängig anhört, nicht umsonst hat dieser Begriff auch im nichtenglischen Sprachraum enorme Verbreitung erfahren; zum anderen, weil dieser Begriff das Moderne, das Neue an diesem Phänomen sehr gut beschreibt. Gerüchte und Verschwörungstheorien hat es schon immer gegeben und wird es auch immer geben. Auch Lügen gezielt in die Welt zu setzen, um zu täuschen, ist nichts Neues. Als Bestandteil der Berichterstattung journalistischer Massenmedien sind Falschmeldungen unter dem Namen „Zeitungsente" oder „Tatarenmeldung" schon seit dem 19. Jahrhundert bekannt. In unserer modernen Welt stehen uns aber ganz neue Kommunikationsformen zur Verfügung. Aufgrund unserer heutigen Mediennutzung erfahren Lügen sehr viel mehr und schneller Resonanz als früher. Die modernen Medien mit ihrem rasanten Beschleunigungsvermögen sind Fluch und Segen zugleich. Nachrichten und Informationen können quasi in Echtzeit weitergeleitet werden, allerdings auch Fehler und Unwahrheiten.

2.2 Warum funktionieren Fake News?

„Es spielt nicht nur eine Rolle, was Menschen denken, sondern auch, wie sie denken."

Aus „Widerlegen aber richtig"
von John Cook und Stephan Lewandowsky

Fake News und Verschwörungstheorien funktionieren auch deshalb so gut, weil sie da ansetzen, wo wir als Menschen am leichtesten zu beeinflussen sind: bei der unbewussten Verarbeitung von Informationen. Unser Gehirn und unsere Wahrnehmung funktionieren nach einfachen Gesetzen. Allen Lesern sei an dieser Stelle das Buch von Daniel Kahnemann „Langsames Denken – schnelles Denken" empfohlen. Dort wird sehr gut aufgezeigt, nach welchen Prinzipien wir unsere Welt wahrnehmen und verarbeiten.

Zum Thema Fake News hat zudem eine Flut von Publikationen in der Psychologie oder den Wirtschaftswissenschaften in den letzten Jahren einige Ergebnisse gezeigt. Zumeist sind diese Erkenntnisse in den USA entstanden – wahrscheinlich, weil dort das Problem mit Fake News, Wissenschaftsleugnern und Verschwörungstheoretikern größer ist als in anderen Staaten, das heißt das Anschauungsmaterial ist einfach größer. Deshalb sind in diesem Kapitel auch viele Beispiele aus den USA beschrieben.

Problem: Unser Gehirn ist stinkfaul

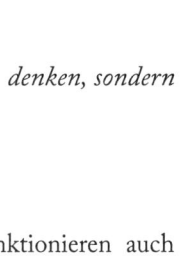

Zuerst einmal die wesentliche Information: Unser Gehirn ist stinkfaul. Und das muss es auch sein. Bis auf vielleicht die letzten 50 Jahre war Energie in Form von Nahrung immer knapp. Mehr als ein Drittel davon braucht aber unser Gehirn. Je effektiver das Gehirn also arbeitet, desto höher ist die Wahrscheinlichkeit zu überleben. Vergessen Sie aber den Katzenkalenderspruch, wir würden nur 10 % unseres Gehirns nutzen. Selbst Albert Einstein, dem dieses Zitat zugeschrieben wird, hat dies nie behauptet. Bei jedem Denkvorgang sind alle Areale des Gehirns aktiv, wenn auch in unterschiedlichem Maße.

Leicht zu verarbeitende Informationen werden aufgrund dieser Faulheit eher als korrekt akzeptiert als komplizierte und schwer verständliche. Untersuchungen zeigen, dass es schon ausreicht, den Farbkontrast einer gedruckten Schrift zu erhöhen, um beim Leser eine höhere Akzeptanz zu erreichen. Wird der Text leichter zu lesen, bewertet der Leser die Aussage eher als wahr.

Ein berühmtes Experiment zeigt, wie beschränkt unser Gehirn teilweise funktioniert. Wissenschaftler führten verschiedenen Teilnehmern ein Sportvideo vor. Die Probanden wurden aufgefordert, die Ballwechsel zu zählen, die im Spiel stattfanden. Mitten im Video lief ein Mensch in Gorillakostüm ins Bild, machte eine Pose und lief auf der anderen Seite wieder hinaus. Als die Testpersonen anschließend gefragt wurden, ob sie irgendetwas Ungewöhnliches im Video bemerkt hätten, antwortete die Mehrheit mit „Nein". Die Erklärung: Unser Gehirn versucht seine Energie auf eine Aufgabe zu konzentrieren. Alles andere „muss" ausgeblendet werden. Auch bei Fake News tritt dieser Effekt zutage. Eine schöne, einfache Geschichte wird geglaubt, andere Fakten werden ignoriert. Ein einfaches Gerücht ist deshalb attraktiver als eine komplexe wissenschaftlich begründete Aussage.

Problem: Wiederholungen verstärken einfache Botschaften

Je öfter wir eine Geschichte hören, desto glaubwürdiger bewerten wir sie. Eine Vertrautheit stellt sich ein und führt dazu, dass wir eher geneigt sind, der Geschichte zu glauben, als dass wir sie anzweifeln. Das Fachwort hierfür ist „Verfügbarkeitsheuristik". Auch hier spielt uns unser Gehirn wieder einen Streich. Bekanntes speichern wir anders ab als Neues. Neue Informationen erfordern einen hohen Energieaufwand in der Verarbeitung, Bekanntes können wir mit relativ wenig Arbeitsaufwand aus unserem Langzeitgedächtnis hervorholen. Auch deshalb fällt uns beispielsweise das Erlernen einer Fremdsprache so schwer.

Der Psychologe Gordon Pennycook und der Ökonom David G. Rand haben dies auch experimental nachvollzogen. Sie legten ihren Probanden Texte mit verschiedenen Falschaussagen vor. Von halbwegs plausibel, wie „Trump will alle Fernsehsendungen verbieten, die Homosexualität enthalten", bis offensichtlich falsch, wie „Bolivien liegt am Meer". Die Ergebnisse: Je öfter die Aussage wiederholt wurde, desto glaubwürdiger wurde sie von den Versuchsteilnehmern bewertet. Bei der Trump-Satire erkannten beim ersten Hören noch mehr als 95 % der Zuhörer die Aussage als Satire, lediglich 5 % lagen falsch. Wurde die Geschichte aber später wiederholt, glaubten bereits doppelt so viele die Aussage, 10 % der Befragten bewerteten die Aussage als glaubwürdig. Das heißt allein eine einzige Wiederholung führt dazu, dass Menschen ihre Meinung ändern. Und mit jeder weiteren Wiederholung steigt dieser Effekt noch mal an. Kurz gefasst: Je öfter eine Aussage gehört wird, desto höher wird ihr Wahrheitsgehalt bewertet unabhängig von den Fakten.

Eine ganze Branche lebt von diesem Prinzip. Die Werbeindustrie wendet das Prinzip der ständigen Wiederholung permanent an, durch Werbespots im Fernsehen, die sich seit Jahren nicht verändert haben, durch Radio-Jingels, die den ganzen Tag als Ohrwürmer nerven. Schon Kinder unter fünf Jahren können fast alle gängigen Automarken aufsagen. Durch die dauernde Wiederholung „kennen" wir die Marke. Und was wir kennen, bewerten wir automatisch positiver. Im Werbedeutsch heißt das, die Menschen müssen „Vertrauen" in eine Marke bekommen. Erst dann sind sie bereit, auch mehr Geld für das

Produkt auszugeben. Persil wäscht weißer als andere Waschmittel. Können Sie das aus eigener Erfahrung bestätigen? Mercedes hat eine höhere Qualität als andere Marken – wirklich? Die ADAC-Pannenstatistik sagt etwas anderes. Die Beispiele könnte man beliebig fortsetzen. Diesem Prinzip der Wiederholung können wir nur schwer entkommen.

In der Zeitschrift „Psychological Science" untersuchten Forscher um Kathleen Hall Jemieson in einer Metastudie die einschlägigen Forschungen der letzten beiden Jahrzehnte. Die Ergebnisse decken sich mit den Erfahrungen: Die ausführlichen Berichte über Fake News verstärken unabsichtlich deren Wirkung nach dem Motto „Wenn schon darüber berichtet wird, dann muss da auch was dran sein". Nicht alle Leser oder Empfänger von Fake News denken so, aber bei einem nicht geringen Teil der Bevölkerung bleibt etwas hängen. Meist wissen die Personen auf Nachfrage auch nicht mehr genau, worum es in Wirklichkeit ging – nur dass da etwas zum Thema XYZ war, daran können sich die meisten noch erinnern.

🎗 Problem: Falschinformationen lassen sich nur schwer löschen

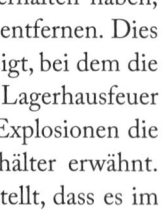

Auch wenn er vom Internet keine Ahnung hatte, Martin Luther wusste es schon. Eine Lüge, so Martin Luther, sei „wie ein Schneeball, je länger man ihn rollt, desto größer wird er". Da hilft es nicht einmal, die Lüge als solche zu kennzeichnen, denn auch dann wächst der Ball weiter – und lässt somit auch die Lüge ungewollt anwachsen.

Sobald Menschen falsche Informationen erhalten haben, ist es sehr schwierig, deren Einfluss wieder zu entfernen. Dies wurde bereits 1994 mit einem Experiment gezeigt, bei dem die Probanden einen Bericht über ein erfundenes Lagerhausfeuer erhielten. Zu Beginn der Geschichte war von Explosionen die Rede und es wurden auch Farb- und Gasbehälter erwähnt. Weiter unten im Text wurde allerdings klargestellt, dass es im

Lagerhaus keine solchen Behälter gab. Später nach der Ursache der starken Rauchentwicklung gefragt, nannten viele Probanden trotzdem Farb- und Gasbehälter. Obwohl sie die Geschichte vollständig lasen und auch alle wesentlichen Informationen verstanden hatten, bezogen sich die Testpersonen beim Beantworten von Fragen auf die Fehlinformationen.

Gleiches gilt auch für die Verbreitung von Fake News: Diese sind nur schwer wieder aus den Köpfen der Menschen zu kriegen. Jedes Rollen vergrößert den Schneeball immer weiter. Damit gilt für Fake News das gleiche Dilemma wie bei der Berichterstattung über Terroranschläge. Jeder ausführliche Bericht verstärkt die negative Botschaft und nützt damit ungewollt den Attentätern und der dahinterstehenden Ideologie. Aus diesem Grunde wird in den Medien auch nur sehr selten über Selbstmörder berichtet. Jeder Bericht führt dazu, dass sich weitere Menschen in den Tod stürzen.

Problem: Kennzeichnung funktioniert nicht

Der obige Effekt tritt auch dann auf, wenn die Aussagen deutlich als falsch gekennzeichnet wurden. Der Hinweis, „von unabhängigen Fakten-Checkern angefochten", wie er etwa bei Facebook erscheint, erweist sich als weitgehend wirkungslos. Jeder Nutzen eines solchen Hinweises wird umgehend ausgelöscht durch den Effekt der wiederholten Darstellung.

Auch hierzu gab es verschiedene Versuche. In einem davon wurde Probanden ein Infoblatt gezeigt, das mit häufig vorgebrachten Fehlinformationen über Grippeimpfungen aufräumte, wobei diese deutlich als „falsch" oder „nicht haltbar" gekennzeichnet waren. Anschließend wurden die Testpersonen gebeten, die Fehlinformationen zu benennen. Wurden die Personen direkt im Anschluss an das Lesen des Infoblatts befragt, identifizierten sie die Fehlinformationen korrekt. Wurden sie jedoch 30 Minuten nach dem Durchlesen befragt, beantworteten einige der Personen die Fragen sogar schlechter als zuvor, das heißt sie erinnerten sich an die Fehlinformationen, nicht aber an die Kennzeichnung „falsch". Ausschlaggebend ist wieder die Tatsache, dass Vertrautheit die Chance vergrößert, dass Informationen als wahr angesehen werden. Direkt nach dem Lesen des Faltblatts erinnerten sich die Testpersonen noch an die Details. Mit zunehmender Zeit jedoch verblasste die Erinnerung an die Details und das Einzige, was sich die Testpersonen gemerkt hatten, waren die Fehlinformationen.

Daraus lässt sich schließen, dass es einen sogenannten Bumerang Effekt gibt. Das heißt, auch wenn Fake News deutlich als falsch gekennzeichnet werden, reicht die alleinige Wiederholung schon aus, um beim Empfänger die Botschaft zu verankern. Bei älteren Erwachsenen wirkt dieser Effekt besonders stark, weil ihr Gedächtnis anfälliger dafür ist, Details zu vergessen.

Problem: Weltanschauung ist wichtiger als Fakten

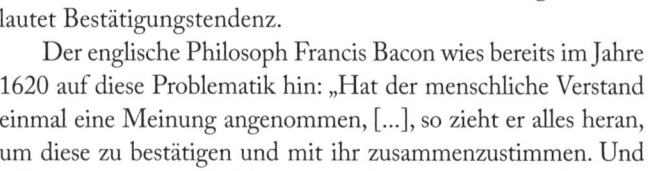

Fakten allein haben kaum Überzeugungskraft, im Gegenteil: meist überzeugen Fakten nur diejenigen, die ohnehin schon an sie glauben. Ein Denkprozess, der zu diesem Effekt beiträgt, ist unsere Tendenz, Informationen auszuwählen, die unsere bereits bestehenden Ansichten untermauern. Der wissenschaftliche Begriff dafür lautet Bestätigungstendenz.

Der englische Philosoph Francis Bacon wies bereits im Jahre 1620 auf diese Problematik hin: „Hat der menschliche Verstand einmal eine Meinung angenommen, [...], so zieht er alles heran, um diese zu bestätigen und mit ihr zusammenzustimmen. Und selbst wenn sich für das Gegenteil mehr und weit bessere Beweise anbieten, so wird er diese mit großer und schädlicher Voreingenommenheit ignorieren, verdammen oder sie durch Spitzfindigkeiten als irrelevant betrachten, auf dass die Autorität seiner ersten Annahme ungeschmälert erhalten bleibe."

Wenn Fakten der eigenen Weltanschauung widersprechen, werden sie deshalb häufig abgelehnt. „In vielen Situationen werden Forschungsergebnisse nicht deshalb zurückgewiesen, weil die Leute falsch informiert sind", schreiben die Psychologen Stephan Lewandowsky und Klaus Oberauer, Professoren an den Universitäten Bristol bzw. Zürich, zur Erklärung. „Vielmehr steht die Wissenschaft im Widerspruch zu ihren Weltanschauungen, zu ihren politischen oder religiösen Überzeugungen." Durch das Leugnen von Forschungserkenntnissen versuche das Gehirn (teils wohl auch unbewusst), die Identität des jeweiligen Menschen zu schützen.

Für die Motivation des Wissenschaftsleugnens spricht laut Lewandowsky und Oberauer auch, dass sie vor allem bei bestimmten Themen auffällt, und zwar bei Befunden, die starke politische Implikationen haben, wie beispielsweise der Waffenbesitz in den USA. Bei Umfragen zu den Gesundheitsrisiken etwa von Röntgenuntersuchungen oder der Nanotechnologie sind sich die Menschen verblüffend einig.

Vielleicht ist es ein wenig tröstlich für Klimaforscher, dass ihr Konsens über die Hauptverantwortung des Menschen für die gegenwärtige Erderwärmung bei Weitem nicht die einzige wissenschaftliche Erkenntnis ist, die von bestimmten Menschen abgelehnt wird. Der nachgewiesene Nutzen von Impfungen beispielsweise wird ebenfalls häufig geleugnet. Und insbesondere in den USA bestreitet ein Teil der Bevölkerung die Evolutionslehre von Charles Darwin. Gleichgültig um welche Anschauung es geht – immer wieder machen Forscher und Wissenschaftskommunikatoren die Erfahrung, dass manche Menschen durch Fakten kaum von ihren Überzeugungen abzubringen sind. Das Phänomen wird auch als „motivierte Zurückweisung von Wissenschaft" bezeichnet.

 Problem: Verschwörungstheorien bieten Sinn

Ob man es Fake News oder Verschwörungstheorien nennt, das System dahinter zeigt, warum einige Menschen gerne an diese Dinge glauben: Es bietet einen Ausweg aus der Unübersichtlichkeit und Komplexität der modernen Welt. Verschiedene

Forschungen, zum Beispiel an der Freien Universität Amsterdam, weisen darauf hin, dass Verschwörungstheorien im Kern über Mustererkennungen funktionieren. Mustererkennung ist ein uraltes, evolutionäres Konzept, um Wahrnehmungen in einen sinnvollen Zusammenhang zu stellen. Muster sind zum Beispiel: Baum + Apfel = Essen oder Raubtiergeruch + Knacken im Geäst = Gefahr. Das Gehirn erkennt solche Muster automatisch ohne den Umweg über das Großhirn und bereitet unseren Körper auf eine Reaktion vor, n diesen Fällen eben Magenknurren oder Fluchtreflexe. Es ist logisch, dass eine schnelle Mustererkennung unser Überleben sicherte.

Auch heutzutage funktioniert dieses System noch. Der Mensch sucht automatisch Muster, auch wenn in vielen Fällen einfach der Zufall eine Rolle spielt. So erklären viele Menschen Entscheidungen, die sie in der Vergangenheit getroffen haben, mit rein logischen Gründen. In den meisten Fällen haben sie sich aber nur aus einem Bauchgefühl heraus für eine Möglichkeit entschieden. Fachleute sprechen auch von einer „illusionären Mustererkennung": Menschen glauben in ihrer Umwelt Muster zu erkennen, auch wenn diese objektiv gar nicht vorhanden sind. Dieses Prinzip ist umso wichtiger, je weniger Kontrolle Menschen zu haben glauben.

Damit lässt sich ein direkter Bezug zu Fake News und Verschwörungstheorien ziehen: Je unübersichtlicher die Welt, desto größer ist das Bedürfnis, dahinter ein Muster erkennen zu wollen. Verschwörungstheorien und Fake News liefern einfache Erklärungen, um die gefühlte eigene Ohnmacht zu entschuldigen.

Problem: „Smart-Idiot-Effekt":
Ein höherer Bildungsgrad mindert nicht
die Verweigerungshaltung

Interessanterweise führt ein höherer Bildungsgrad nicht dazu, dass Menschen generell zugänglicher für wissenschaftliche Erkenntnisse sind– im Gegenteil, der Grad der Polarisierung steigt bei kontroversen Themen sogar. Unter Linken nimmt die Zahl derer, die den Forscherkonsens zum Klimawandel akzeptieren, mit steigendem Bildungsgrad zu, unter Konservativen hingegen sinkt mit besserer Bildung die Akzeptanz klimawissenschaftlicher Erkenntnisse. Der Journalist Chris Mooney hat dies einmal den „Smart Idiot Effect" genannt: Bessere Bildung führe lediglich zu „schlaueren Idioten" – also dazu, dass sich Menschen anspruchsvollere Begründungen (oder Verschwörungstheorien) dafür ausdenken, warum wissenschaftliche Erkenntnisse nicht stimmen können.

Eine Studie eines Forscherteams um den Psychologen Dan Kahan von der Yale University im US-Bundesstaat Connecticut machte den paradoxen Effekt von Bildung besonders deutlich. Dabei wurde Versuchspersonen eine Zahlentabelle vorgelegt: Angeblich enthielt sie Daten zu Tests einer Hautcreme. Und auf den ersten Blick schienen die Daten die Wirksamkeit der Creme zu bestätigen. Bei genauerer Betrachtung der Zahlenverhältnisse wurde aber klar, dass die Creme unwirksam ist. Solange es vermeintlich „bloß" um Hautcreme ging, war der Effekt erwartbar: Menschen mit niedrigerem Bildungsgrad lasen aus den Zahlen die naheliegende (falsche) Deutung heraus. Probanden mit höherer Bildung hingegen durchschauten den anfänglichen Fehlschluss und gaben eher die gegensätzliche (korrekte) Antwort.

In einem zweiten Schritt änderte das Forscherteam die Beschriftung der Tabelle. Angeblich zeigte sie nun nicht mehr Daten zu einer Hautcreme, sondern zu der Frage, ob die Kriminalität in solchen Städten niedriger liegt, in denen das Tragen von Waffen verboten ist. (Bekanntlich ist das Thema Waffenbesitz in den USA hoch ideologisiert.) Was die Testpersonen nun aus den Tabellen herauslasen, hing nicht mehr von ihrem Bildungsgrad ab, sondern vor allem von ihrer politischen Einstellung. Jetzt entdeckten selbst höher gebildete Probanden nur dann noch die komplexere Wahrheit, wenn sie in ihr Weltbild passte.

Problem: Verschwörungstheorien ersetzen Wissenschaft

Was aber passiert, wenn Menschen auf die Kluft zwischen Forschungsergebnissen und ihrer Meinung hingewiesen werden? Eine verbreitete Lösungsstrategie für den augenscheinlichen Widerspruch ist es dann, eine Verschwörung innerhalb der Wissenschaft zu unterstellen. Dies tut zum Beispiel nicht nur der US-Präsident Donald Trump, wenn er die Erderwärmung als Komplott hinstellt, bei dem unter chinesischer Führerschaft die Konkurrenzfähigkeit der US-Wirtschaft unterminiert werden soll. Nach demselben Muster wird etwa AIDS gelegentlich zum Produkt eines verunglückten Forschungsprogramms der US-Regierung erklärt oder von Impfgegnern eine Verschwörung von Medizinern und Pharmabranche unterstellt.

Unser Gehirn versucht sich in der Welt zurechtzufinden. Einfache Erklärungen schaffen Raum, damit man sich mit wichtigeren Dingen beschäftigen kann. Die Suche nach einfachen Lösungen spart also Energie. Auch fällt es dem Gehirn sehr schwer, mit Unsicherheiten zu leben. Wahrscheinlichkeitsrechnungen werden deshalb von vielen Leuten abgelehnt. „Was nützt mir eine Wahrscheinlichkeit von 1 zu 10.000, wenn das Flugzeug trotzdem abstürzt?". Viele Menschen können besser mit einer einfachen, falschen Erklärung leben, als sich auf die Suche nach einer komplexen Antwort zu begeben.

Und dieses System machen sich natürlich auch Interessengruppen zunutze. Die Klimaleugnung wird (nicht nur) in Amerika von der fossilen Industrie mächtig gefördert. Ein paar Zahlen: Allein 2015 gaben Shell und Exxon Mobil zusammen mit den großen Öl-Handelsgesellschaften mehr als hundert Millionen Dollar für die Lobbyarbeit gegen Klimaschutzgesetzgebung aus. Die durch Kohle und Erdöl reich gewordenen Koch-Brüder (geschätztes Vermögen ca. 100 Milliarden Dollar) sollen in den letzten Jahren 400 Millionen Dollar zur Verbreitung von klimaskeptischer Propaganda und rechten Meinungen ausgegeben haben. Ihr Netzwerk hatte 2016 ein

Budget von 889 Millionen Dollar, um gleichgesinnte Republikaner zu unterstützen. Im Internet existieren Tausende, mit Geld der fossilen Industrie finanzierte Propaganda-Websites, Videos und SocialMedia-Accounts, die den Klimawandel leugnen und wissenschaftliche Erkenntnisse anzweifeln.

Warum funktionieren Fake-News?

Verschwörungstheorien ersetzen Wissenschaft

Unser Gehirn ist stinkfaul

Smart-Idiot-Effekt wirkt

Wiederholungen verstärken einfache Botschaften

Verschwörungstheorien bieten Sinn

Falschmeldungen lassen sich nur schwer löschen

Weltanschauung ist wichtiger als Fakten

Kennzeichnung funktioniert nicht

2.3 Was ist das Neue an Fake News?

Lügen sind ein altbewährtes Mittel, um eigene Interessen voranzubringen. Zentrale Neuerung bei der Verbreitung von Unwahrheiten ist ihr Einsatz in den sozialen Medien. Selbstverstärkende virale Effekte können genutzt werden, um in kürzester Zeit sehr hohe Reichweiten zu erzielen und Emotionen zu erzeugen.

Dabei treten die negativen Seiten immer deutlicher zutage und es müssen Regelungen gefunden werden, wie Gesellschaften damit umgehen sollen. Denn es zeigt sich, dass die Methoden, die verschiedene Interessengruppen anwenden, unsere Gesellschaft zu zerreißen drohen. Auch hier ist Amerika wieder Vorreiter. Die Wahl von Donald Trump hat die Spaltung nur aufgezeigt: Demokraten gegen Republikaner, Küstenregionen gegen Hinterland, Bibel Belt gegen liberale Bundesstaaten.

Interessant ist vor allem das Muster, das sich herausgeschält hat. Waren die sozialen Medien einst angetreten, die Gesellschaft zu einen und Menschen miteinander zu vernetzen, zeigt sich heute, dass die sozialen Medien eher das Potenzial haben, die Gesellschaft zu spalten: Noch vor Kurzem war es tabu, in politischen Debatten ohne nachweisbare faktische Grundlage zu argumentieren. Wer es doch tat, wurde meist nicht für voll genommen. Fake News-Vertreter, Verschwörungstheoretiker und Populisten aber scheren sich nicht um solche Gepflogenheiten. Sie verunglimpfen die bisherigen Standards der öffentlichen Debatte als übertriebene „Political Correctness", argumentieren mit der gefühlten Wahrheit – und sind erfolgreich. „Postfaktisch" wurde 2016 mit gutem Recht zum Wort des Jahres. Verschiedene aktuelle Entwicklungen begünstigen dabei die Entstehung und Verbreitung von Fake News.

🔊 Neu: Ein gesellschaftliches Gefühl der Unsicherheit

Wir leben in Zeiten des Umbruchs. Menschen werden in hundert Jahren unsere Zeit mit dem Beginn der Industrialisierung vergleichen, in der technische Revolutionen erhebliche gesellschaftliche Umbrüche nach sich zogen. Eine ganze Epoche wurde entwurzelt und musste erst einmal neue Formen des Zusammenarbeitens und -lebens finden. Dies ging, wie wir alle wissen, mit erheblichen Konflikten einher. Auch heutzutage kann man mit Fug und Recht von einer neuen Revolution sprechen. Die Globalisierung zeigt ihre Schattenseiten, moderne Kommunikationsformen entwickeln sich rasant und ungeregelt und auch der Beginn der künstlichen Intelligenz zeichnet sich ab. Weder die Politik noch die Gesellschaft schaffen es derzeit, mit dieser Entwicklung Schritt zu halten.

Dadurch entstehen in Gesellschaften diffuse Ängste (die natürlich auch ihre Berechtigung haben). Umwelt, Gesellschaft, Arbeitsmarkt, wo auch immer man hinschaut, Pessimismus scheint angebracht. Auch wenn die aktuellen Zahlen etwas anderes hergeben, die Zukunft erscheint nicht mehr als Verheißung, in der die Kinder es mal besser haben werden, sondern als Sturm, der über uns hinwegbraust und alles Bestehende mit sich wegträgt. Mit dieser Unsicherheit zu leben fällt derzeit vielen Menschen schwer. Politik und Medien und deren systemeigene Zwänge und Regeln sorgen dafür, dass diese Unsicherheiten noch verstärkt werden.

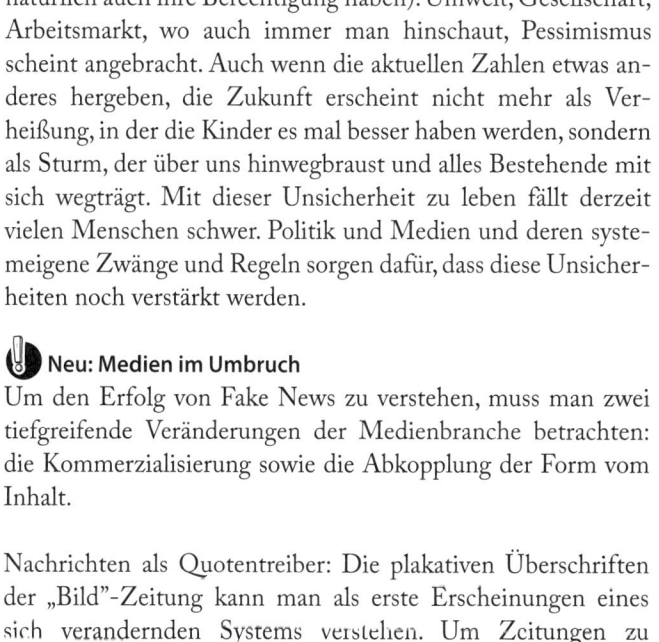 Neu: Medien im Umbruch

Um den Erfolg von Fake News zu verstehen, muss man zwei tiefgreifende Veränderungen der Medienbranche betrachten: die Kommerzialisierung sowie die Abkopplung der Form vom Inhalt.

Nachrichten als Quotentreiber: Die plakativen Überschriften der „Bild"-Zeitung kann man als erste Erscheinungen eines sich verändernden Systems verstehen. Um Zeitungen zu verkaufen, wurden Kampagnen gestartet, die mit angeblich sensationellen Themen den Leser aufrütteln und empören sollten – damit er morgen wieder die „Bild" kaufen wird. Der Werbeslogan „Bild dir deine Meinung" war in diesem Sinne hervorragend gemacht. Doch im Vergleich zu heute waren die Möglichkeiten bescheiden. Der heutige totale Wettbewerb um Aufmerksamkeit hat aus diesem Prinzip bitteren Ernst gemacht: Wer mit Nachrichten im Netz Erfolg haben will, braucht Klicks. Was aufregend ist und provoziert, wird öfter angeklickt – und verspricht höhere Werbeeinnahmen. Deshalb schaffen es hierzulande die provokanten Sprüche von AfD-Politikern so oft in die Überschriften, darüber regt man sich auf, das „klickt" sich gut.

Das führt zu einem neuen Phänomen: absichtlich falsche, allein auf hohe Weiterverbreitung im Netz optimierte Nachrichten. Fake News sollen nicht die politische Debatte, sondern die Umsätze ihrer Betreiber verbessern. Da ist es einfacher, eigene Meldungen zu kreieren, als auf Nachrichten zu warten. Diese erfundenen Nachrichtentexte führen das, was man politische Netzöffentlichkeit nennt, ad absurdum. Eine Website für Fake News aufzusetzen dauert wenige Stunden. Mittlerweile sind ganze Redaktionen damit beschäftigt, am laufenden Band zu produzieren. Aufgrund des Nachrichtenformats kann es gut sein, dass die erfundenen Meldungen sogar sehr glaubwürdig erscheinen. Diese Meldungen werden auf Facebook millionenfach angeklickt und geteilt, können über Google gefunden werden, landen in WhatsApp-Gruppen und E-Mail-Verteilern. Die Betreiber wiederum verkaufen auf ihren Webseiten Anzeigenplätze. Die Dynamik des Systems der „Bild"-Zeitung hat sich also vervielfacht.

Nachrichten als Unterhaltung: Nachrichten wurden früher in den etablierten Medien betont nüchtern vorgetragen. Wer sich alte Tagesschauen von vor 30 Jahren ansieht, wundert sich manchmal, wie langweilig und „dröge" diese vorgelesen wurden. Heutzutage müssen Nachrichten mit Liveberichten, Experten oder kurzen Filmchen unterlegt werden, um den Zuschauer überhaupt noch zu erreichen. Kurz: Nachrichten müssen auch unterhalten. Diese Trennung von Form und Inhalt, und das ist die zweite wichtige Veränderung auf dem Weg zu Fake News, hat in den Massenmedien mit den Scripted-Reality-Formaten des Privatfernsehens angefangen. Solche Beiträge tun so, als würden sie einen authentischen

Alltag dokumentieren – zeigen aber eigentlich Schauspieler, die nach Drehbuch handeln, um der Handlung mehr Würze zu verleihen. Vielen Zuschauern ist dies nicht bekannt, sie gehen davon aus, dass dies der wirkliche Alltag der dargestellten Menschen ist. Das Vermischen von Faktischem und Realem, ohne dies zu kennzeichnen, wurde so normal. Dieses Prinzip funktioniert auch bei Fake News. Leser der Blogs des Kopp-Verlags, von „PI-News" oder der deutschen Ausgabe von „Russia Today" können offene Lügen, einseitige Darstellungen und doppeldeutige Meinungsbeiträge kaum von realen Nachrichten unterscheiden. Das Übergreifen der kommerziellen Unterhaltungslogik auf den (politischen) Nachrichtenbereich sorgte so für ein Verschwimmen der Grenzen.

Neu: Kein Puffer zwischen Sender und Empfänger

Die sozialen Medien haben den Vorteil, dass wir in ungehinderten Austausch miteinander treten können. Es gibt (theoretisch) keine Gruppen, die zwischen dem Einzelnen und der Masse stehen. Das war einmal das große Versprechen der digitalen Revolution. Jede Medaille hat aber auch ihre Kehrseite. Es gibt eben keine Gruppe mehr, die korrigierend eingreifen kann.

Früher war nicht alles besser, aber doch bedeutend einfacher. Politische und gesellschaftliche Extrempositionen wurden durch einen Effekt abgepuffert, den die deutsche Kommunikationswissenschaftlerin Elisabeth Noelle-Neumann als „Schweigespirale" charakterisierte. Demnach hängt die Bereitschaft, öffentlich politische und gesellschaftliche Positionen zu äußern, von der persönlichen Einschätzung ab, ob diese Positionen der Mehrheitsmeinung entsprechen. Kein Mensch möchte sozial isoliert sein. Deshalb hat er Hemmungen, Positionen offen kundzutun, die von der Gemeinschaft nicht akzeptiert werden. Die Massenmedien, vor allem das Fernsehen, besitzen dadurch erheblichen Einfluss auf die öffentliche Meinung, indem sie eine bestimmte Meinung als angebliche Mehrheitsmeinung präsentieren.

Den Journalisten kam damit eine Funktion als „Gate Keeper" zu. Sie bestimmten, welche Meinungen als Mehrheitsmeinungen galten und welche nicht. Journalistische Sorgfaltspflicht, redaktionelle Unabhängigkeit, Trennung von Meinung und Darstellung sowie klare politische Positionen (FAZ = rechts/TAZ = links) sorgten dafür, dass kein Journalist ungefiltert seine persönliche Meinung einbringen konnte. Etablierte Medien versuchen auch heute noch, diese journalistischen Standards hochzuhalten. Dies gelingt nicht immer, aber gerade in den letzten Jahren erfahren diese Werte eine Renaissance in der Medienlandschaft.

In sozialen Netzwerken fehlen diese Standards komplett. Jeder kann alles als Wahrheit verkaufen, was er als richtig empfindet. Im Internet ist es Lesern oft egal, auf welcher Website ein Text veröffentlicht wurde oder wer der Autor ist – wichtiger ist, dass die Headline stimmt. Hinterher heißt es: „Das habe ich auf Facebook gelesen." Dabei ist es für das Verständnis eines Beitrags zentral, ob er auf der Website eines traditionellen Nachrichtenmediums oder auf einem rechtslastigen Blog veröffentlicht wurde. Wenn in Umfragen mehr als 30 % der Bundesbürger angeben, Twitter, Facebook und Co. als Hauptnachrichtenquelle zu nutzen, sieht man die Veränderungen im Gefüge der Medienlandschaft.

Neu: Viele verschiedene Wahrheiten

In Social-Media-Debatten geht es weniger darum zu überzeugen, sondern vielmehr darum, die Argumente des Gegners zu zerstören. Ein neues Mittel dafür ist das Erfinden so vieler alternativer Wahrheiten, bis der Zuhörer den Überblick verliert und im Dickicht einfach aufgibt.

Ein Muster, welches so neu nun auch wieder nicht ist: Im Sozialismus der Sowjetrepubliken war es den Lesern der „Prawda" klar, dass die Meldungen über die Erfolge des Sozialismus nur wenig mit der Realität bei ihnen zu Hause zu tun hatten. Meldungen über Produktionserfolge konnten offensichtlich nicht stimmen, sah man sich die Schaufenster in den Städten und die langen Schlangen der Mangelwirtschaft an. Irgendwann haben die meisten Menschen aufgegeben, zwischen Wahrheit und Lüge zu unterscheiden. Interessant war es lediglich, die Nachrichten auf ihre möglichen Hintergründe zu untersuchen, das heißt zu erkennen, was zwischen den Zeilen stand.

Dieses System kann man auch in aktuellen Beispielen wiederfinden. Ob der Abschuss eines niederländischen Flugzeugs auf der Krim durch Russland oder die Kontakte Trumps im amerikanischen Wahlkampf – ständig werden neue Lügen und Halbwahrheiten aufgetischt, bis die „Wahrheit unter einem Mantel von Lügen" verschwunden ist.

Die „New York Times" sagte noch am 8. November 2016 mit 84-prozentiger Wahrscheinlichkeit den Sieg von Hillary Clinton voraus, eine Fehleinschätzung, wie der Wahlausgang zeigte. In einem viel beachteten Kommentar beklagte der Kolumnist Jim Rutenberg von der „Times", dass mit Donald Trump ein Präsident ins Weiße Haus einzog, für den die Unwahrheit nicht nur als Notlüge dient, sondern ein gezieltes Mittel der Wahrheitszerstörung ist. „Wie jeder Autokrat", schrieb die „Times", „gewinnt er das Vertrauen seiner Anhänger – nennen wir es blindes Vertrauen – durch so häufige und schamlose Lügen, dass Millionen Menschen den Versuch aufgeben, zwischen Wahrheit und Unwahrheit zu unterscheiden."

🔋 Neu: Vertrauen zerstören

Das Prinzip der alternativen Wahrheiten machen sich auch politische Institutionen zunutze. Auch hier hilft wieder ein Blick über den Atlantik. In diesem Bereich haben die US-Amerikaner tatsächlich eine führende Rolle in der Welt erreicht. „America First" gilt hier also.

„Attackiere nie die Schwäche deines Gegners, sondern seine Stärke". So lautet eine Maxime des konservativen Politik- beraters Karl Rove, die sich sehr bewährt hat. Die Stärke der etablierten Medien, wie der „Washington Post", ist ihre Glaub- würdigkeit. Diese zu untergraben ist das Ziel des „Project Veritas" in Amerika. Das „Project Veritas" ist eine rechte Orga- nisation mit einem mehr als irreführenden Namen. Dem Projekt geht es mitnichten um die Wahrheit, sondern darum, liberale Institutionen zu diskreditieren und bloßzustellen. Finanziert wird „Veritas" durch einen Spendenfonds der ultra- konservativen und schwerreichen Brüder Charles und David Koch. Der Verein schleust seine Leute als Undercoveragenten in liberal gesinnte Institutionen ein und versucht, bestimmte Reaktionen zu provozieren. Dort werden „Angebote" gemacht und die Reaktionen heimlich gefilmt. So wurde einem Vertreter von „Planned Parenthood" von einem unbekannten Wohltäter Geld für die Organisation angeboten, aber nur unter der Be- dingung, dass dieses Geld ausschließlich weißen Frauen zugute- kommt. Das Geld wurde angenommen und „Veritas" veröffent- lichte eine kompromittierende, zusammengeschnittene Fassung der Gespräche. Die liberale Szene und die afroamerikanischen Gruppen waren zurecht empört, das mühsam aufgebaute Image der Organisation dahin.

Der Öffentlichkeit bloßgelegt wurde dieses System, als eine vermeintliche Informantin der „Washington Post" eine Ge- schichte anbot. Sie gab an, von einem konservativen Abgeord- neten (Roy Moore), der unter Missbrauchsvorwürfen stand, als Kind missbraucht worden zu sein. Hätte es funktioniert und die „Washington Post" wäre auf die Lüge hereingefallen, wären auch die anderen Vorwürfe gegen den Abgeordneten unglaub- würdig gewesen. Die Reporterin tat aber das, was gute Journa- listen tun, sie recherchierte und fand heraus, dass die vermeint- liche Informantin für „Veritas" arbeitete. Sie filmte ihrerseits die Gespräche und veröffentlichte ihre gesamte Recherche.

🖊 Neu: Empörung schüren, Angst provozieren

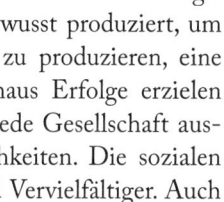

Emotionen führen zu Aufmerksamkeit. Der alte Werbeleitsatz funktioniert natürlich in den Social-Media-Systemen hervorragend. Das haben sich auch politische Akteure zunutze gemacht. Ziel ist es, bestehende Gesellschaften ins Schwanken zu bringen, um sich als bessere Alternative zu präsentieren. Es werden Zweifel gesät und Vertrauen wird zerstört. „Ich glaube gar nichts mehr", ist eine einfache Sichtweise, aber wer kann schon unterscheiden zwischen echt und falsch? Ein gutes Beispiel für diese Taktik liefert die russische Regierung mit ihrem Nachrichtensender „Russia Today". Die Falschmeldung lautete: Ein Mädchen in Deutschland mit russischem Hintergrund wurde von Flüchtlingen überfallen und vergewaltigt. In der Folge demonstrierten empörte Russlanddeutsche zu Tausenden. Die Polizei ermittelte und schnell kam heraus, dass die Meldung frei erfunden war. Zu spät, vielen Menschen war ihre Sichtweise bereits bestätigt worden. Auch heute noch glauben viele Russlanddeutsche und auch „Biodeutsche" diese Geschichte. In Hintergrundgesprächen hört man noch heute von offiziellen Vertretern Russlands: „Ja, diese Geschichte war anscheinend falsch, aber es muss doch was dran gewesen sein, wenn so viel darüber berichtet wurde. Und außerdem, es stimmt doch, dass die vielen Flüchtlinge gefährlich sind."

Natürlich geht es bei diesem Beispiel nicht um Flüchtlinge. Vielmehr werden solche Nachrichten bewusst produziert, um Gesellschaften zu spalten und Unruhe zu produzieren, eine Taktik, die in den letzten Jahren durchaus Erfolge erzielen konnte. Die inneren Widersprüche, die jede Gesellschaft auszuhalten hat, bieten gute Ansatzmöglichkeiten. Die sozialen Medien wirken dabei als Katalysator und Vervielfältiger. Auch deshalb werden in autoritären Regimen die sozialen Medien kontrolliert und oft gesperrt. Der Arabische Frühling wäre ohne die Verbreitung über soziale Medien nicht weit gekommen. Dass die Gegner diese Medien ebenfalls zu nutzen wissen, sieht man leider an den Ergebnissen.

Neu: Echokammern

Seit den 60er-Jahren weiß die Forschung, dass Massenmedien nicht nur Transportwege sind, über die Inhalte transportiert werden. Mehr noch sind sie eine Umgebung, in der wir leben und die uns beeinflusst.

Will man also Personengruppen beeinflussen, muss man deren mediale Umgebung verändern. Im Idealfall konstruiert man eine Echokammer, in der eine Vielzahl von Stimmen immer wieder das Gleiche reproduzieren. Damit erreicht man beim Empfänger eine Art Stimmigkeit, die auch falschen Informationen einen Wahrheitsgehalt überstreifen. So kann man einzelne Personengruppen gezielt beeinflussen und deren Sichtweisen und Verhalten ändern.

Studien zeigen, dass sich Falschinformationen in den sozialen Netzen vor allem verbreiten, indem sie in Kreisen von Nutzern mit ähnlichen Einstellungen und Weltanschauungen geteilt werden. Je homogener der Kreis an Nutzern ist, desto größer ist die Wahrscheinlichkeit, dass die Meldung immer wieder geteilt wird und damit eine höhere Reichweite bekommt.

Der weltanschauliche Konsens ist das vereinende Element dieser Gruppen. Menschen neigen in den sozialen Netzwerken dazu, sich mit Gleichgesinnten zu umgeben und sich dabei gegenseitig in der eigenen Position zu verstärken. In den Netzwerken selbst bildet sich dadurch eine Dynamik. Befeuert durch die Echokammer, verbreiten sich nicht nur Inhalte, sondern auch Kommentare innerhalb der Netzwerke wie ein Lauffeuer. Wer den Konsens der Gruppe am besten trifft, wird „geteilt" und „geliked" und kriegt aus anderen, harmonisierenden Kreisen Freundschaftsanfragen. Die Echokammer wächst und damit auch der Eindruck, man sei selbst keine Minderheit, sondern eine gesellschaftlich relevante Mehrheit. Facebook und Co. unterstützen und verstärken diesen Effekt. Algorithmen sorgen dafür, dass man prioritär Inhalte angezeigt bekommt, die von Gleichgesinnten stammen oder von ihnen „geliked" wurden. Das Netz sorgt so dafür, dass man vor allem Dinge zu sehen bekommt, die das eigene Weltbild stützen, während unbequeme, dem Weltbild zuwiderlaufende Informationen herausgefiltert werden. Der Nutzer sozialer Netzwerke befindet sich also in einer bequemen Informationsblase.

Die sozialen Netzwerke sind somit der Gegenentwurf zur Schweigespirale. Es spielt keine Rolle mehr, ob die Mehrheit bestimmte politische und gesellschaftliche Positionen teilt oder akzeptiert. In der Echokammer ist man selbst in der Mehrheit und dreht den Spieß einfach um – nun wird innerhalb der abgesteckten Kreise der sozialen Netzwerke derjenige isoliert, der gegenläufige Positionen vertritt. So ist es in rechten Echokammern ein Grundkonsens, dass Ausländer generell eine Gefahr für die Deutschen sind, in linken Echokammern, dass es sich nicht lohnt, sich argumentativ mit dem Gegner auseinanderzusetzen und so weiter. Diese Grundannahmen werden nicht infrage gestellt, sondern im Gegenteil, jede andere Meinung wird angegriffen oder aus der Gruppe ausgeschlossen. Auch diese Echokammern sind insgesamt gesehen nichts Neues. Am berühmten Stammtisch sind sich auch alle einig, in liberalen Kreisen bestehen andere unangreifbare Wahrheiten. Neu ist mit den modernen Medien nur die Möglichkeit, schnell eine breite Masse von Gleichgesinnten zu erreichen und sich nur noch in diesem Kreis zu bewegen.

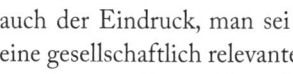 **Neu: Einsatz von Social Bots**

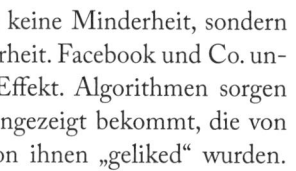

Doch nicht nur reale Nutzer interagieren mit Nachrichteninhalten in sozialen Medien. Sogenannte „Social Bots" tragen ebenfalls zur Verbreitung von Nachrichteninhalten bei. Als „Bots" werden Computerprogramme bezeichnet, die weitestgehend automatisiert Aufgaben abarbeiten, also zum Beispiel Webseiten auf der Suche nach bestimmten Inhalten scannen oder Nachrichten verschicken. In sozialen Netzwerken erstellen Social Bots fingierte Accounts, die auf den ersten Blick wie Accounts echter, also menschlicher Nutzer aussehen. Diese Accounts teilen zum Beispiel automatisch „Tweets" auf Twitter oder vergeben „Likes" auf Facebook. Das Hauptziel besteht darin, dass eine Meldung vom Algorithmus der Social-Media-Plattform als sehr interessant eingestuft wird. Nachrichten, mit denen viele Nutzer interagieren, erhalten von den Algorithmen eine höhere Relevanz zugeschrieben und werden folglich weiteren Nutzern priorisiert angezeigt. Für den Nutzer bleibt meist unklar, ob die Beiträge von echten Menschen, Bots oder bezahlten Schreibern stammen.

Die Ziele sind dabei unterschiedlich: In den meisten Fällen geht es beim Einsatz von Social Bots darum, Werbung zu verkaufen, in anderen, Einfluss auf Diskussionen zu nehmen, und im schlimmsten Fall darum, ganze Gesellschaftssysteme zu destabilisieren. Die berühmte "russische Trollfabrik" ist derzeit das wohl bekannteste Beispiel:

Im amerikanischen Wahlkampf 2016 wurde gezielt von russischer Seite Einfluss genommen. Die Untersuchungen des Geheimdienstausschusses im amerikanischen Senat zeigen die Möglichkeiten der neuen Medien auf. Laut Mark Warner, dem führenden Demokraten im Ausschuss, kämpften nicht weniger als 1000 bezahlte Internet-Trolle aus russischen Einrichtungen im Wahlkampf mit. Auf Twitter veröffentlichten die russischen Propagandisten 1,4 Millionen Tweets mittels 2752 menschlich gesteuerter Accounts und 36.000 Bots. Die Inhalte erreichten auf Facebook und Instagram knapp 150 Millionen Amerikaner. Auf YouTube wurden 1108 Propagandavideos mit 43 Stunden Inhalt veröffentlicht.

Auch nach dem Schulmassaker an der Florida Highschool am Valentinstag 2017 schlugen die Trolle und Bots zu. Die einen schrieben gegen laue Waffengesetze, die anderen gegen deren Verschärfung. Ziel war es, die Extreme aufzuputschen, links wie rechts. Je unversöhnlicher und zerrissener das Land, desto schwächer ist es. Auch wenn die zerstörerische Einflussnahme auf fremde Länder nun wirklich keine neue Methode der internationalen Politik ist, muss man festhalten, dass unsere moderne Demokratie noch kein Mittel gegen diese Praktiken gefunden hat.

Social Bots sind also ein wichtiger Faktor in der Verbreitung von Fake News. Über die Anzahl der Bots gibt es widersprüchliche Aussagen. Ernst zu nehmende Schätzungen sprechen davon, dass mehr als die Hälfte aller „Nachrichten" von Social Bots verbreitet werden. Lediglich 20 % aller Kommentare und Likes werden von realen Menschen vergeben. Schon jetzt ist es schwierig zu erkennen, ob hinter einem Text eine reale Person steckt oder eine Maschine. Und die Entwicklung beschleunigt sich. Selbst einfache Diskussionen in einem Forum können inzwischen von Maschinen übernommen werden, ohne dass der Nutzer es merkt.

2.4 Und was folgt daraus?

**Schaut man sich die Befunde an,
müsste man eigentlich verzweifeln.**
Einfaches Löschen oder Ignorieren der Fake News-Hetzer wird nicht funktionieren. Hier kommt der sogenannte „Streisand-Effekt" zum Tragen. Als Streisand-Effekt wird ein Phänomen bezeichnet, wonach der Versuch, eine unliebsame Information zu unterdrücken oder entfernen zu lassen, öffentliche Aufmerksamkeit nach sich zieht und dadurch das Gegenteil erreicht wird, nämlich dass die Information einem noch größeren Personenkreis bekannt wird.

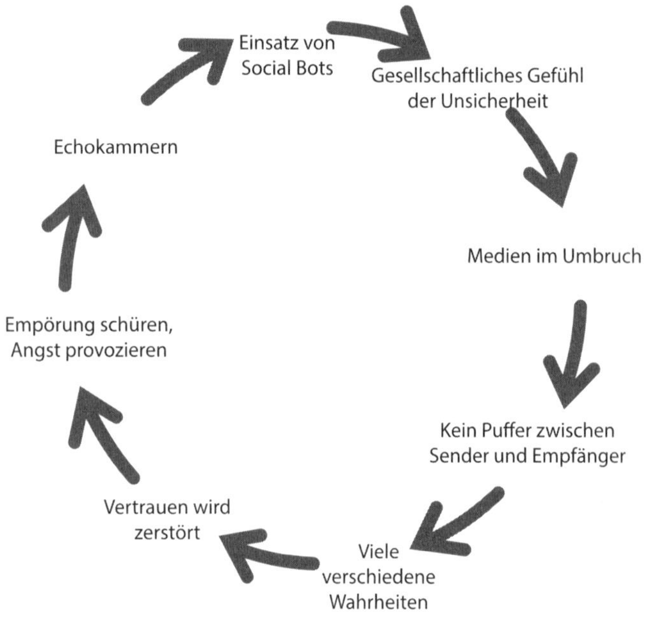

Was ist das Neue an Fake News?

Einsatz von
Social Bots

Gesellschaftliches Gefühl
der Unsicherheit

Echokammern

Medien im Umbruch

Empörung schüren,
Angst provozieren

Kein Puffer zwischen
Sender und Empfänger

Vertrauen wird
zerstört

Viele
verschiedene
Wahrheiten

Übertragen auf unsere moderne Mediengesellschaft be-deutet dies, dass jede Nachricht oder Meinung, die erst einmal das Licht der Öffentlichkeit erreicht hat, kaum noch zurück-gehalten werden kann. Emotionen und Empörung aktivieren Aufmerksamkeit, Aufmerksamkeit schafft Bekanntheit. Die Methode ist nicht neu, neu sind nur die Möglichkeiten.

Eigentlich ist jeder selbst gefragt
In einer Demokratie zu leben, die Meinungs- und Pressefreiheit garantiert, bedeutet, das Angebot an Informationen, was durch diese Freiheiten entsteht, selbstkritisch zu hinterfragen. Das

Medienangebot kann niemals völlig objektiv sein. Jede Information ist in einen Kontext eingebettet und dieser bestimmt die Entscheidung über den Nachrichtenwert. Deswegen brauchen wir Qualitätsjournalismus, der nicht nur von zahlenden Nutzern unterstützt wird. Es macht eben einen großen Unterschied, ob man sich an Fakten hält – oder von alternativen Fakten redet, die nichts anderes sind als Lügen.

„Wer ernsthaft dem Facebook-Algorithmus als Basis seiner Informationen vertraut, ist selbst schuld, wenn er Manipulationen zum Opfer wird", sagt die liberale Grande Dame Sabine Leutheusser-Schnarrenberger, ehemalige Bundesjustizministerin. Gegen Fake News müssen aus ihrer Sicht zuerst Medien und Öffentlichkeit selbst vorgehen.

Nur leider können es nicht alle

Das ist der hehre Anspruch der Demokratie. Jeder ist selbst dafür verantwortlich, sich zu informieren. Im Wesentlichen hat

Seinen Namen verdankt das Phänomen Barbara Streisand, die den Fotografen Kenneth Adelman und die Website „Pictopia. com" 2003 erfolglos auf 50 Millionen US-Dollar verklagte, weil eine Luftaufnahme ihres Hauses zwischen 12.000 anderen Fotos von der Küste Kaliforniens auf besagter Website zu finden war. Damit stellte sie aber erst die Verbindung zwischen sich und dem abgebildeten Gebäude her, woraufhin sich das Foto nach dem Schneeballprinzip im Internet verbreitete. Adelman argumentierte, er habe den Strand fotografiert, um die Küstenerosion für das „California Coastal Records Project" zu dokumentieren.

dies schon der berühmte Philosoph Emanuel Kant formuliert: „Habe Mut dich deines eigenen Verstandes zu bedienen". Doch wie sieht die Wirklichkeit aus? Wer hat überhaupt die Fähigkeiten, in unserer modernen Welt eigenverantwortlich zu bestehen? Hierzu ein paar Fakten:

- Knapp 10 % der Bevölkerung, das heißt 7,5 Millionen Bundesbürger können nicht lesen. Weitere 5 Millionen können keine einfachen Texte verstehen
- 17 % der Menschen scheitern daran, aus einem Zehn-Punkte-Katalog eine bestimmte Information herauszufiltern.
- Nur 20 % der Bundesbürger lesen nach eigenen Angaben regelmäßig Bücher.
- Über 30 % der Bevölkerung nutzen soziale Netzwerke wie Facebook, YouTube, Twitter als regelmäßige Hauptnachrichtenquelle.
- Nur 45 % der Frauen und 25 % der Männer geben in Umfragen an, in den letzten Wochen ein Buch in der Hand gehalten zu haben.
- Mehr als 60 % der Bundesbürger gehen davon aus, dass Medien berechtigte Meinungen ausblendeten, die sie für unerwünscht hielten.
- Laut Pisa Studie 2017 kann jeder fünfte Viertklässler nicht richtig lesen und schreiben.

Was bedeuten diese Zahlen? Das Zurechtfinden in unserer modernen Welt beruht zu einem großen Teil auf der Fähigkeit, Wörter, Texte und Zusammenhänge zu verstehen und anzuwenden. So werden nicht umsonst in der Schule Lese- und Rechtschreibkompetenzen vermittelt. Viele Menschen können dies aber gar nicht leisten. Aufklärung muss also woanders ansetzen. Im direkten Gespräch, im klaren Aufzeigen von Alternativen. Wir alle sind gefragt, wenn es darum geht, den Hetzern und Ideologen nicht die Macht zu überlassen.

„Wenn andere klüger sind als wir
Das macht uns selten nur Pläsir
Doch die Gewissheit, dass sie dümmer
Erfreut fast immer"

Wilhelm Busch

Grundlegende Fähigkeiten am Ende des vierten Schuljahrs sind, Texte zu lesen und zu verstehen. Jeder fünfte Schüler erreicht dieses Ziel aber nicht. Das heißt die Schüler können Wörter entziffern, aber sie brauchen dafür so lange, dass sie oft vergessen, was am Anfang eines Satzes steht, wenn sie am Ende angekommen sind. Oder sie können den Sinn nicht entschlüsseln. Wenn sie einen Text über Piraten lesen sollen, wissen sie nicht, was ein „Mast" ist oder was es bedeutet, den Anker zu „lichten".

Kapitel 3: Wie kann man Fake News enttarnen?

Fake News, Verschwörungstheorien, moderne Lügen, das sind Klassiker im neuen Gewand. Wie gezeigt sind die Methoden nicht neu. Neu sind die Verbreitungswege und damit auch die Möglichkeiten, die Lügen als Wahrheit zu verkaufen. Neu sind aber auch die Möglichkeiten, die Lügen zu enttarnen. Hier hilft natürlich in erster Linie der gesunde Menschenverstand. Zusätzlich gibt es aber auch noch ein paar Tipps und Tricks, die dabei helfen – sowohl bei der Enttarnung von Fake News als auch bei der Suche nach Meinungsrobotern.

3.1 Acht Schritte, um gefälschte Nachrichten zu erkennen

Die meisten Fake News sind leicht zu enttarnen. Mit ein bisschen Nachdenken kommen Sie von allein darauf. Wichtig ist vor allem, sich kurz die Zeit zu nehmen und selbst zu überlegen, was hinter einer Nachricht stecken könnte. Vor allem wenn die eigene Empörung hochschlägt („Das kann doch nicht sein ...") ist Vorsicht geboten. Dann ist die Nachricht meist so gut gemacht, dass sie augenscheinlich auch wirkt. Nehmen Sie sich einfach die Zeit und überlegen Sie kurz, in den meisten Fällen reicht das schon aus.

Gleiches gilt auch für das Weiterleiten von Nachrichten. Auch hier müssen Sie innerlich kurz die Pause-Taste drücken. Fühlen Sie sich verantwortlich für jede Nachricht, die sie weiterleiten? – Sie sind es schließlich auch. Nicht jede Nachricht ist es wert, in den Klassenchat gestellt zu werden. Nicht alle Ihre Freunde wollen wissen, was gerade Schlimmes in ihrer Nachbarschaft, Deutschland oder in der Welt passiert.

Wie gesagt, mit einer kurzen innerlichen Pause können Sie die meisten Fake News schnell enttarnen. Wenn Sie unsicher sind, helfen die folgenden Punkte, eine Nachricht von einer Lüge zu unterscheiden:

Schritt 1: Ist die Quelle seriös?

Stoßen Sie auf eine spektakuläre Nachricht, sollten Sie zunächst prüfen, auf welcher Quelle sie beruht. Viele Falschmeldungen geben entweder keine Quelle an oder erfinden einfach eine. Wenn keine Quelle angegeben ist, ist das schon einmal ein Indiz, sehr vorsichtig mit der 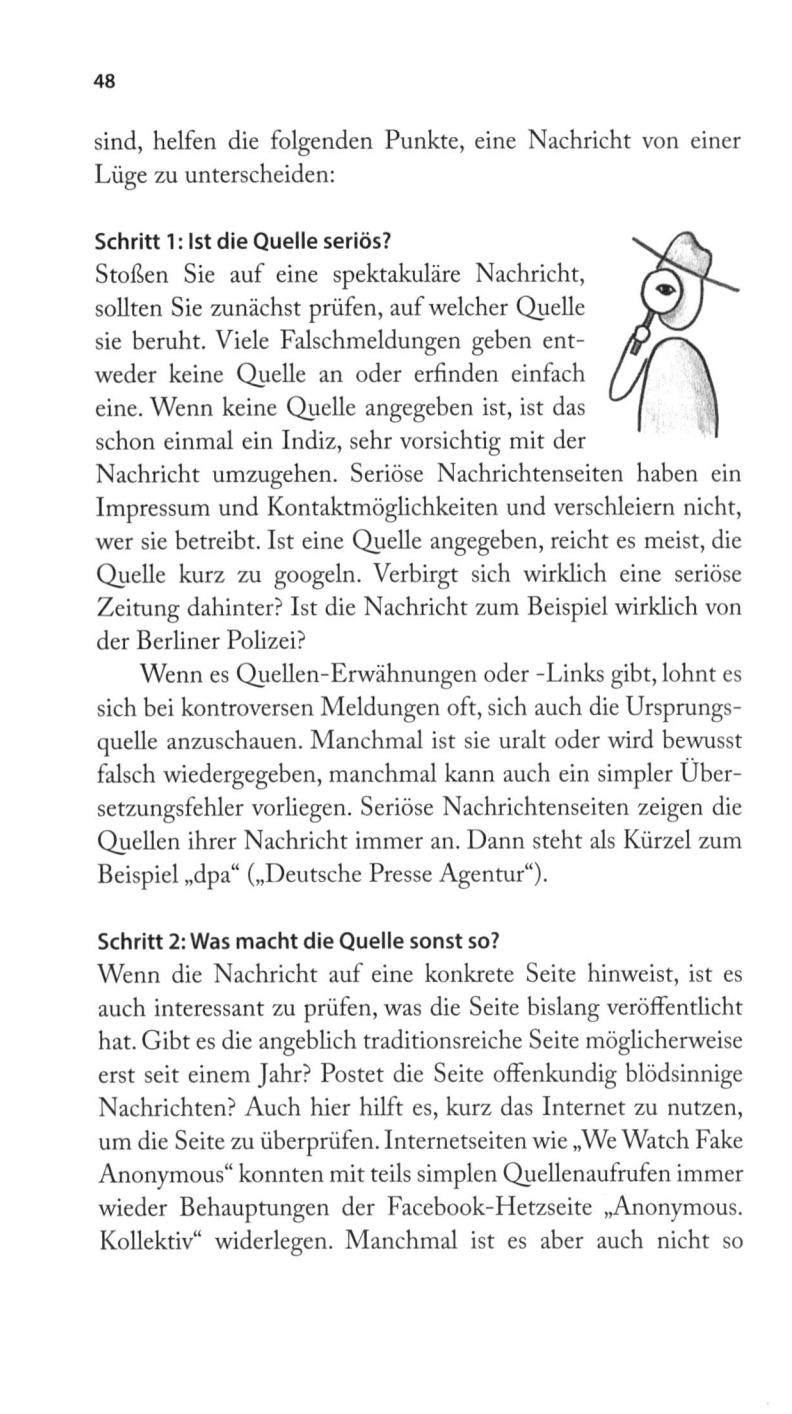 Nachricht umzugehen. Seriöse Nachrichtenseiten haben ein Impressum und Kontaktmöglichkeiten und verschleiern nicht, wer sie betreibt. Ist eine Quelle angegeben, reicht es meist, die Quelle kurz zu googeln. Verbirgt sich wirklich eine seriöse Zeitung dahinter? Ist die Nachricht zum Beispiel wirklich von der Berliner Polizei?

Wenn es Quellen-Erwähnungen oder -Links gibt, lohnt es sich bei kontroversen Meldungen oft, sich auch die Ursprungsquelle anzuschauen. Manchmal ist sie uralt oder wird bewusst falsch wiedergegeben, manchmal kann auch ein simpler Übersetzungsfehler vorliegen. Seriöse Nachrichtenseiten zeigen die Quellen ihrer Nachricht immer an. Dann steht als Kürzel zum Beispiel „dpa" („Deutsche Presse Agentur").

Schritt 2: Was macht die Quelle sonst so?

Wenn die Nachricht auf eine konkrete Seite hinweist, ist es auch interessant zu prüfen, was die Seite bislang veröffentlicht hat. Gibt es die angeblich traditionsreiche Seite möglicherweise erst seit einem Jahr? Postet die Seite offenkundig blödsinnige Nachrichten? Auch hier hilft es, kurz das Internet zu nutzen, um die Seite zu überprüfen. Internetseiten wie „We Watch Fake Anonymous" konnten mit teils simplen Quellenaufrufen immer wieder Behauptungen der Facebook-Hetzseite „Anonymous. Kollektiv" widerlegen. Manchmal ist es aber auch nicht so leicht. Vor allem professionellen Seiten sieht man das dahinterstehende Interesse häufig nicht an.

Schritt 3: Falle ich gerade auf einen Fake-Klassiker rein?

Viele Falschmeldungen kursieren monate- oder jahrelang im Netz – und trotzdem gibt es immer wieder Nutzer, die darauf reinfallen. Viele aufregende Geschichten entlarven sich als „Urban Legends", als Großstadtmythen, die teils noch aus dem vorherigen Jahrhundert stammen. Sammlungen wie das Buch „Die Spinne in der Yucca-Palme" zeigen die Hintergründe und meist auch den Ursprung der Geschichte an. Auch hier hilft simples Googeln. Meist finden Sie mit der Überschrift und der Verbindung „Fake" eine Antwort.

Schritt 4: Handelt es sich um eine Satire-Meldung?

Auch Satire-Postings werden von vielen Internetnutzern für bare Münze genommen und gerne geteilt. Ein gutes Beispiel ist die Satireseite „Der Postillon" http://www.der-postillon.com. Die Website verspricht „ehrliche Nachrichten – unabhängig, schnell, seit 1845", veröffentlicht aber beinahe täglich gut gemachte Quatschmeldungen. Diese werden von Nutzern weitergeleitet und irgendwann verschwindet der Hinweis auf Satire. Prüfen Sie dementsprechend Nachrichten auf ihren Satiregehalt. Es ist einfach peinlich, wenn einer Ihrer Freunde Ihnen diese Rückmeldung gibt.

Schritt 5: Was steht wirklich im Artikel?

Viele Nachrichten leben von einer reißerischen Überschrift. Bevor Sie diese Nachricht weiterleiten, hilft es, kurz in den Artikel zu schauen. Eigentlich ein ganz normaler Vorgang, in unserer heutigen schnelllebigen Zeit aber in Vergessenheit geraten. Nehmen Sie sich wirklich die Zeit, auch in den Text zu schauen. Prüfen Sie: Steht die vermeintliche Sensation überhaupt im Text? Viele Nachrichten haben auch einfach ein kommerzielles Interesse. Je mehr Nachrichten weitergeleitet oder geteilt werden, desto mehr Einnahmen können über Werbung generiert werden. Auch Boulevardzeitungen funktionieren so, die Masche ist also auch nicht neu.

Schritt 6: Ist die Information tatsächlich brisant?

Vorsicht ist auch dann geboten, wenn als Quelle nebulös ein Leak angegeben wird. Seit Wikileaks eine internationale Bekanntheit erreicht hat, versuchen die Verbreiter von Fake News, auf diesen Zug aufzuspringen. Nur weil etwa eine E-Mail nicht für die Öffentlichkeit bestimmt war, heißt das nicht, dass sich darin automatisch eine spektakuläre Enthüllung verbirgt. Meist sind es nur Privatmeinungen, die aus dem Kontext gerissen wurden, oder schlichte Wahrheiten, die neu verpackt wurden. Und auch wenn viele Blogs und Foren eine Nachricht diskutieren, hat man nicht unbedingt einen Beleg für „Lügenpresse"-Vorwürfe gefunden.

Schritt 7: Seien Sie kritisch bei Fotos

Bilder emotionalisieren. Mit Bildern kann man auch schlechte Geschichten interessant machen oder umgekehrt, ein gutes Bild sagt mehr als 1000 Worte. Viele Menschen suchen nach sensationellen Ereignissen (Naturkatastrophen oder Gewalttaten) nach Bildern und wollen diese schnell mit anderen teilen. Dann ist aber auch die Gefahr besonders groß, auf alte oder gefälschte Bilder hereinzufallen. Nach Ereignissen wie der Kölner Silvesternacht wurden zum Beispiel in sozialen Netzwerken oft nicht nur alte Fotos, sondern auch alte Videos als vermeintlich hochaktuelle Augenzeugen- oder Skandalclips inszeniert. Für den Laien ist es leider sehr schwer, die Echtheit eines Bildes zu überprüfen. Auch Fachexperten tun sich mit gut gemachten Fälschungen oft schwer. Hier hilft nur eine allgemeine kritische Einstellung und ein Plausibilitätscheck der Bildinhalte.

Schritt 8: Geben Sie Ihre Informationen weiter
Wenn Sie eine Falschmeldung gefunden oder einen Fake entlarvt haben, kann es nie verkehrt sein, andere Nutzer an seinem Wissen teilhaben zu lassen. Dies kann mit einem kurzen Kommentar unter ein dubioses Facebook-Posting stattfinden oder mit einer kurzen Antwort in einer WhatsApp Nachricht. Bleiben Sie aber auch dabei seriös und stellen Sie den Verbreiter nicht bloß. Jeder kann sich mal irren und nicht jeder, der eine Nachricht vom Typ Fake News weiterleitet, tut dies mit einem Hintergedanken. In den meisten Fällen reicht eine Berichtigung mit einem erklärenden Link völlig aus.

Acht Schritte, um Fake News zu enttarnen.

Geben Sie Ihre Informationen weiter

Seien Sie kritisch bei Fotos

Ist die Information tatsächlich brisant?

Was steht wirklich im Artikel?

Handelt es sich um Satire?

Falle ich gerade auf einen Fake Klassiker rein?

Was macht die Quelle sonst so?

Ist die Quelle seriös?

3.2 Acht Schritte, um einen Meinungsroboter/Social Bots zu erkennen

Wie gezeigt werden viele Fake News durch automatische Accounts verbreitet. Die Technik hat dabei in den letzten Jahren erhebliche Fortschritte gemacht. Nicht zuletzt durch die automatische Spracherkennung und die Einführung lernfähiger Programme sind in einfachen Dialogen die Maschinen kaum noch von menschlichen Wesen zu unterscheiden. Es ist auch für versierte Nutzer sehr schwer geworden herauszufinden, ob hinter einem Account ein Mensch oder eine Maschine steht. Auf Plattformen wie Twitter „tweeten", „liken" und „retweeten" mittlerweile ganze Netze von automatisierten Accounts. Auch die Profile von Bots sehen auf den ersten Blick oft aus wie die eines normalen Nutzers. Es gibt aber Möglichkeiten, diese Bots zu erkennen.

Schritt 1: Quelle prüfen

Stolpern Sie über radikale Positionen oder aufrührerische Nachrichten, sollten Sie sich zunächst die Quelle anschauen. Was hat der Account oder die Person zuvor verbreitet? Twittert er etwa immer ungefähr dasselbe? Hat er die Nachricht, die man gerade bekommen hat, auch an viele andere Nutzer verschickt? Teilt er immer Postings desselben Mediums oder Accounts?

Schritt 2: Was verrät die Profilbeschreibung?

Was ist über die Person zu erfahren, die hinter der Meldung steht? Wenn möglich, sollten Sie sich das Profil eines Accounts genauer anschauen. Misstrauisch sollten Sie werden, wenn die dortigen Angaben Nonsens sind oder wenn dort nichts steht.

Schritt 3: Wie oft ist der Account aktiv?

Selbst sehr aktive politische Accounts von Menschen veröffentlichen selten Dutzende Nachrichten pro Tag. Die Oxford University hat in einer Studie herausgefunden, dass Accounts, die mindestens 50 Tweets am Tag ausstoßen oder stets die gleiche Anzahl an Tweets, in den meisten Fällen Social Bots sind. Prüfen Sie auch die Inhalte: Menschen können sicherlich mehr als 50 Nachrichten über ihr persönliches Leben mitteilen. Über politische Themen wäre das schwierig, wenn man seriös arbeiten möchte.

Schritt 4: Wann ist ein Account aktiv?

Menschen formulieren und schicken eher eine Nachricht nach der anderen. Dazwischen muss Zeit bleiben für das Formulieren, Lesen anderer Nachrichten und eventuell auch noch ein Leben außerhalb der Social-Media-Blase. Verschickt ein Account viele verschiedene Nachrichten zur selben Zeit, steckt höchstwahrscheinlich eine Maschine dahinter.

Schritt 5: Wie schnell reagiert der Account?

Social Bots können schneller als der Mensch auf Nachrichten reagieren. Verschickt ein Account regelmäßig schon eine Sekunde nach der Veröffentlichung einer Nachricht eine Antwort, handelt es sich mit größter Wahrscheinlichkeit um einen Bot.

Schritt 6: Wie schreibt der Account?

Bots verraten sich meist auch auf ganz simple Art, durch ihren Sprachstil. Achten Sie daher darauf, wie der Account schreibt. Texte gut zu formulieren ist (derzeit) für Maschinen immer noch schwierig. Verwendet der Account zum Beispiel immer wieder die gleichen Begriffe, auch wenn es nicht wirklich Sinn ergibt? Oder sind viele Grammatikfehler in den Texten, die ein Mensch nicht unbedingt machen würde?

Schritt 7: Wie reagiert der Account auf Kontextfragen?

Im Verdachtsfalle können Sie Accounts auch anschreiben und Fragen stellen. Social Bots haben in der Regel ein Standardprogramm und sind auf bestimmte Fragen getrimmt. Konfrontiert man den Bot mit einer nicht üblichen Frage, kann dieser nicht adäquat darauf antworten. Kontextwissen ist zum Beispiel schwierig für Social Bots. „Was ist über dir?" oder „Was ist unter dir?". Die Frage „Bist Du ein Social Bot?" hingegen ist zu einfach und die Antwort schon einprogrammiert.

Schritt 8: Passt das Thema zum Text?

In den meisten Fällen liefern Social Bots „nur" vorgefertigte Textpassagen zu bestimmten Schlüsselwörtern. Das heißt egal worüber in der eigentlichen Nachricht geschrieben wurde, ein oder zwei Schlagworte reichen aus, um den Bot in Betrieb zu setzen. Prüfen Sie deshalb, ob die Antwort auch wirklich eine Antwort auf den Text enthält oder ob damit nur platte Parolen verbreitet werden sollen.

3.3 Erst denken, dann handeln

Alle hier gezeigten Möglichkeiten der Enttarnung funktionieren leider nicht in jedem Fall. Es gibt auch Menschen, die mehr als 50 Nachrichten pro Tag in die Welt setzen. Es gibt professionelle Bots, die auf Enttarnungsstrategien getrimmt sind. Die Technik, insbesondere die künstliche Intelligenz, macht derzeit erhebliche Fortschritte. Amazons „Echo", Microsofts „Cortana" oder Appels „Siri" lernen fortlaufend dazu und wer diese Systeme schon mal ausprobiert hat, weiß, wie gut sie geworden sind.

Es hilft einfach nichts, Sie werden bei allen Nachrichten weiterhin kritisch bleiben müssen und sich selbst immer wieder infrage stellen: „Glaube ich diese Nachricht, weil sie in mein Weltbild passt?" – „Kann dieser Bericht die Wahrheit sein?". Was etwas hilft, ist die Erkenntnis, dass es die eine Wahrheit nie geben wird. In der Philosophie spricht man deshalb auch von „Intersubjektivität": Es gib immer eine Wahrheit vom Betrachter aus, je nach Person und Hintergrund kann diese aber unterschiedlich ausfallen.

Bleiben Sie kritisch!

Acht Schritte, um Social Bots zu enttarnen

Passt das Thema zum Text?

Wie reagiert der Account auf Kontextfragen?

Wie schreibt der Account?

Wie schnell reagiert der Account?

Wann ist der Account aktiv?

Wie oft ist der Account aktiv?

Was verrät die Profilbeschreibung?

Quelle prüfen

Kapitel 4: VAW-Grundlagen für eine erfolgreiche Argumentation gegen Fake News

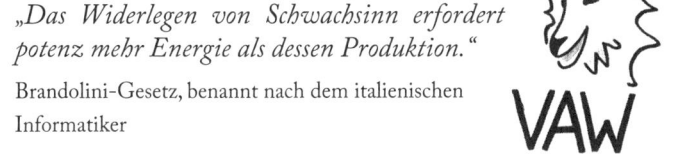

„Das Widerlegen von Schwachsinn erfordert potenz mehr Energie als dessen Produktion."

Brandolini-Gesetz, benannt nach dem italienischen Informatiker

Fake News sind kein Phänomen, dem Sie hilflos gegenüberstehen. Auch den wildesten Verschwörungstheorien können Sie widersprechen. Die Frage ist nur, was Ihnen dabei hilft. Dafür gibt es Techniken und Argumentationsmuster, die Sie lernen können. Für den Umgang mit Fake News-Vertretern haben sich ein paar einfache Regeln als erfolgreich erwiesen. Diese sind leicht anzuwenden und helfen auch in den schwierigsten Diskussionen.

Bevor Sie sich aber in eine Argumentation begeben, müssen ein paar Grundlagen geklärt sein. Oder wie man beim Eiskunstlauf sagt: Vor der Kür kommt erst die Pflicht. Auf schwierige Diskussionen können und müssen Sie sich vorbereiten. Fachlich müssen Sie dabei gar nicht auf der Höhe sein. Wie dargestellt geht es in solchen „Gesprächen" nicht um Fakten, sondern um Emotionen und Einstellungen. Im Wesentlichen sind drei Dinge nötig, bevor Sie überhaupt anfangen können. Um sich diese gut merken zu können, werden sie auch als VAW-Methode bezeichnet:

VAW-Methode

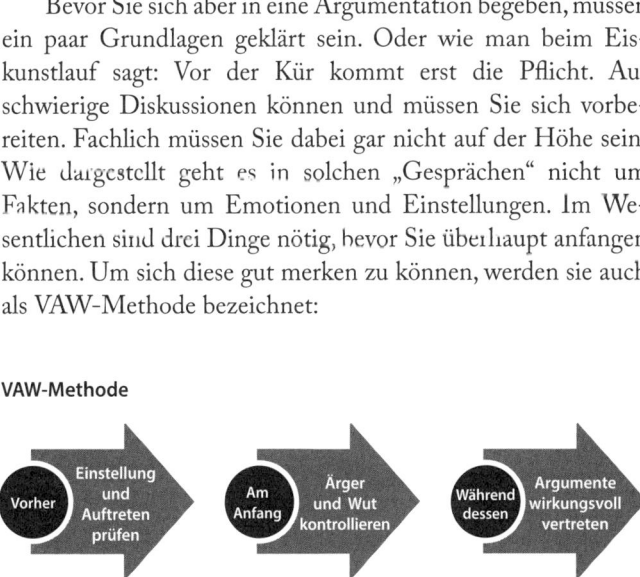

Vorher: Als Erstes müssen Sie es schaffen, als angenehmer Gesprächspartner wahrgenommen zu werden. Dabei helfen eine positive innere Einstellung und ein gutes Auftreten.

Am Anfang: Weiterhin müssen Sie es schaffen, Ihren Ärger und Ihre Wut zu kontrollieren, um überhaupt in eine Diskussion zu kommen. Die besten Rhetorikkniffe nutzen nichts, wenn Sie im wahrsten Sinne des Wortes „einen dicken Hals" haben und der Ärger Ihnen die Stimme wegschnürt.

Währenddessen: Und drittens müssen Sie ein paar einfache Tipps und Tricks parat haben, um Ihre Argumente in einer Diskussion wirkungsvoll anbringen zu können.

4.1 Vorher: Eigene Einstellung überprüfen

➲ Bereiten Sie sich auf Ihren Gesprächspartner vor – mit der ICE-Methode

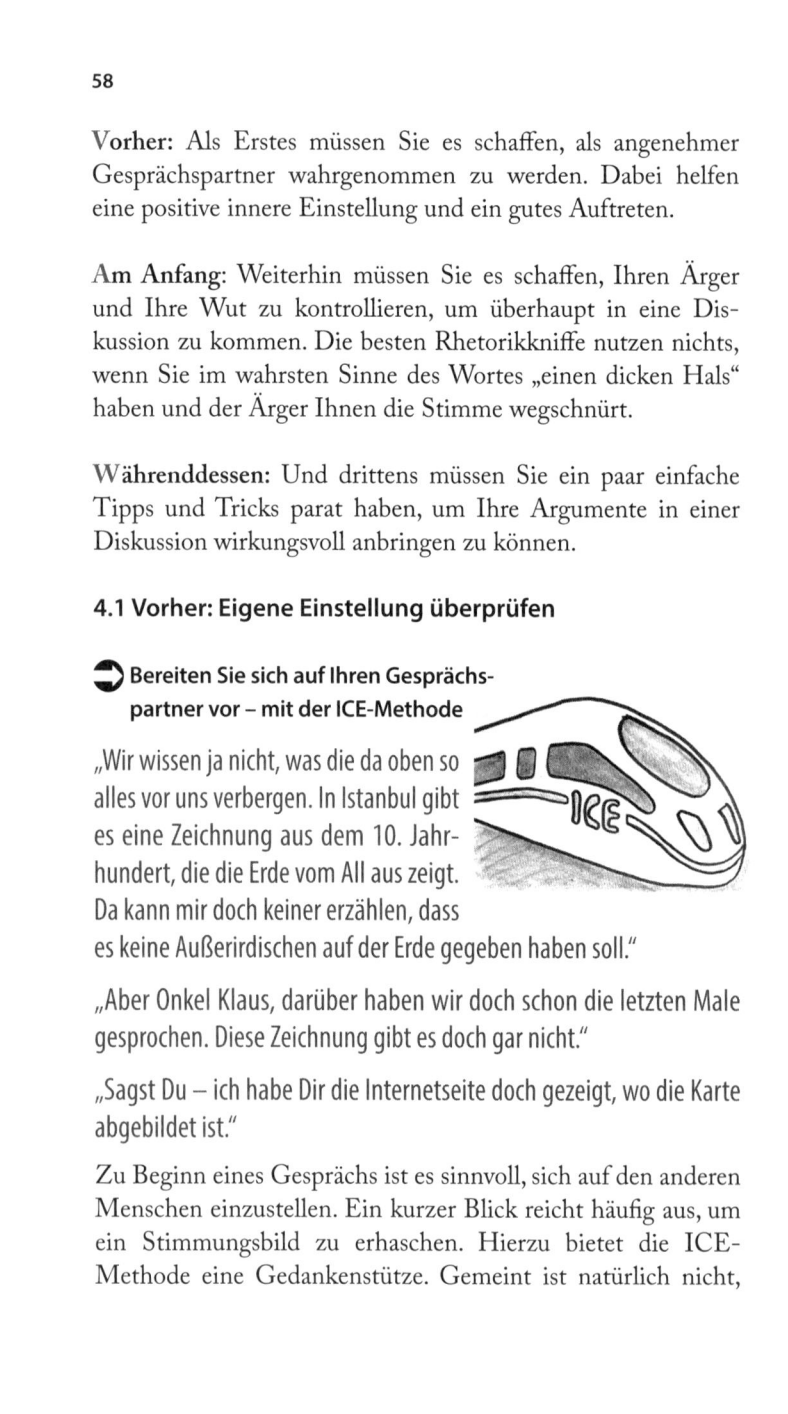

„Wir wissen ja nicht, was die da oben so alles vor uns verbergen. In Istanbul gibt es eine Zeichnung aus dem 10. Jahrhundert, die die Erde vom All aus zeigt. Da kann mir doch keiner erzählen, dass es keine Außerirdischen auf der Erde gegeben haben soll."

„Aber Onkel Klaus, darüber haben wir doch schon die letzten Male gesprochen. Diese Zeichnung gibt es doch gar nicht."

„Sagst Du – ich habe Dir die Internetseite doch gezeigt, wo die Karte abgebildet ist."

Zu Beginn eines Gesprächs ist es sinnvoll, sich auf den anderen Menschen einzustellen. Ein kurzer Blick reicht häufig aus, um ein Stimmungsbild zu erhaschen. Hierzu bietet die ICE-Methode eine Gedankenstütze. Gemeint ist natürlich nicht, mit dem Gesprächspartner Bahn zu fahren. Vielmehr handelt es sich bei der Abkürzung um ein Akronym aus dem Englischen. Es steht für:

Interest – Vollziehen Sie zuerst einen Perspektivwechsel und versuchen Sie, sich in Ihr Gegenüber einzudenken: „Was bewegt diesen Menschen wirklich?" Finden Sie die für Ihren Gesprächspartner interessanten (weil relevanten) Themen – und zwar unabhängig von Ihrer eigenen Sichtweise. Es geht also darum, den anderen und dessen Interessen zu verstehen.

Concern – Gleichzeitig gilt es, die potenziellen Bedenken und Zweifel Ihres Gegenübers zu identifizieren, aber nicht nur jene im Hinblick auf die Aussage, sondern auch allgemeine Probleme, die Ihr Gesprächspartner auf dem Radar haben könnte: Anforderungen und Belastungen, persönliche Hintergründe und so weiter. Auf diese proaktiv einzugehen, senkt die Widerstandskraft.

Emotion – Oft bringt Ihr Gesprächspartner Emotionen mit in die Runde, und die beeinflussen das Gespräch dann, obwohl sie mit der Sache gar nichts zu tun haben. Wer es schafft, diese emotionale Lage vorab zu erfassen und darauf einzugehen, schafft eine wesentlich persönlichere Verbindung und damit auch mehr Überzeugungskraft.

Die ICE-Formel ist also im Wesentlichen keine Argumentationstaktik, sondern vielmehr der strukturierte Versuch, den Gesprächspartner vorab besser zu verstehen, seine Motive, Prägungen und potenziellen Einwände, um darauf vorbereitet zu sein und besser darauf eingehen zu können. In unserem Beispiel:

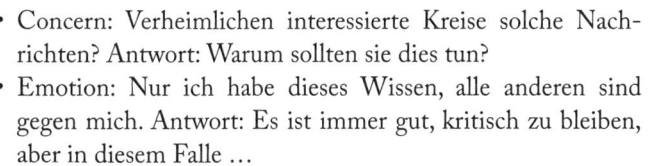

- Interesse: Gibt es Außerirdische? Antwort: Keiner kann es wissen.
- Concern: Verheimlichen interessierte Kreise solche Nachrichten? Antwort: Warum sollten sie dies tun?
- Emotion: Nur ich habe dieses Wissen, alle anderen sind gegen mich. Antwort: Es ist immer gut, kritisch zu bleiben, aber in diesem Falle …

Mit diesen drei Punkten haben Sie schon vorab ein erstes Argumentationsschema aufgebaut. Natürlich fällt es schwer, sich in einem überraschenden Gespräch so schnell auf Ihr Gegenüber einzustellen. Meist kennen Sie aber Ihre „Pappenheimer": Onkel Klaus wird dieses Thema immer wieder anbringen, die nette Kollegin aus der Nachbarabteilung ist bekannt für ihre wirren Thesen.

Und auch für die Rückschau auf ein Gespräch kann die ICE-Methode hilfreich sein, vor allem dann, wenn Sie nicht zum Menschen vorgedrungen sind, sondern das Gespräch im Streit oder in Erschöpfung geendet hat. Dann ist es sinnvoll, noch mal die drei Bereiche anzuschauen und zu prüfen, ob ein Bereich eventuell ganz oder teilweise vernachlässigt wurde. Meist sind Sie dann einen großen Schritt weiter.

ICE-Methode

⮑ Positiv auftreten – Die ersten drei Sekunden entscheiden

„In Russland gibt es einen geheimen Stützpunkt, auf dem Kinder in außersinnlicher Wahrnehmung ausgebildet werden. Diese Kinder können allein mit ihren Gedanken Menschen an jedem beliebigen Ort auf der Welt töten."

„Das ist doch völliger Quatsch, was Du Blödmann da verzapfst."

Auch wenn es schwerfällt: Wollen Sie Ihr Gegenüber überzeugen oder auch nur zum Nachdenken anregen, müssen Sie es schaffen, als angenehmer Gesprächspartner zu erscheinen. Dies schaffen Sie, indem Sie sich selbst in eine positive Haltung bringen und dies dann auch nach außen aktiv zeigen.
Innere Einstellung
Wenn Sie in einen Raum mit mehreren Menschen kommen, sortieren Sie mit Unterstützung Ihres Unterbewusstseins blitzschnell die anwesenden Personen in Kategorien wie: sympathisch – unsympathisch, bekannt – unbekannt, attraktiv – unattraktiv etc. Geordnet wird dabei unbewusst nach Erfahrungen, Wertungen und Anordnungen, die Sie im Laufe Ihres Lebens an Ihr Unterbewusstsein geleitet haben.

Dementsprechend geben Sie sich auch den Menschen gegenüber. Allein durch Ihr Auftreten und Ihre Körpersprache reagieren Sie unbewusst auf andere Personen. Bei sympathischen Menschen halten die meisten Menschen länger Augenkontakt, greifen die Hand fester und haben eine offenere Körperhaltung. Bei unsympathischen Menschen sind sie automatisch reservierter. Bewusst oder unbewusst reagiert Ihr Gegenüber darauf. Jahrtausendelang musste die Menschheit lernen, Freund und Feind schnell zu identifizieren. Dieses Programm wirkt in allen Menschen fort.

Treffen Sie auf unangenehme Menschen, zeigen Sie dies mit Ihrer Körpersprache, in aller Regel unbewusst. Sie haben aber die Möglichkeit, sich bewusst in ein positives Licht zu setzen. Der Ansatz dafür ist, eigene Wertungen und Entscheidungen bewusst anzuzweifeln. Nur wenn man eine alte Beurteilung anzweifelt, kann sie sich verändern. Ist Ihnen jemand unsympathisch, können Sie das jederzeit verändern, indem Sie sich und Ihre Einstellung bewusst hinterfragen. Ihr Gegenüber kann ein toller Mensch sein, nur wissen Sie das eventuell gar nicht.

Ein Hilfsmittel dafür ist es, auf kleine Dinge zu achten, die Sie sympathisch finden: die Schuhe, eine witzige Brille, die Art, wie diese Person jemanden begrüßt – es kann sogar genügen, wenn der Partner des Gegenübers ganz nett erscheint (für Härtefälle). Damit eröffnen Sie sich die Möglichkeit, die unangenehmen Gefühle gegenüber dieser Person loszuwerden und offener und entspannter zu wirken.

Positiv auftreten

Der erste Schritt ist getan. Ihre Grundeinstellung ist entspannt (oder entspannter als vorher, das kommt ganz auf darauf an). Jetzt gilt es, dieses Gefühl auch aktiv Ihrem Gegenüber zu vermitteln. Menschen erreicht man, indem man Ihnen Wertschätzung entgegenbringt. Zugegebenermaßen, dies ist nicht immer einfach, aber es funktioniert.

Die einfachste Regel ist es, den Dialog mit der Wertschätzung des Gegenübers zu beginnen. Passionierte Videospieler waren zum Beispiel weniger kritisch gegenüber Befunden zur Schädlichkeit von Mediengewalt, wenn ihnen zuvor als Gruppe besondere Kompetenzen zugesprochen wurden. In den USA zeigte sich, dass Gegner des Klimawandels offener für die kritischen Befunde waren, wenn eine umweltbewusste Einstellung als patriotisch kommuniziert wurde. Dieses Prinzip machen sich auch Firmen und Unternehmen zunutze. Wenn Sie dem Kundendienst einer Firma eine E-Mail schreiben, beginnt die Antwort in den allermeisten Fällen mit „Vielen Dank für Ihre E-Mail …" Dieser Satz kostet nicht viel. Er wird in Vorlagen einfach eingebaut. Für Sie als Kunde ergibt sich aber mit diesem ersten Satz das angenehme Gefühl, mit Ihrer Frage auf offene Ohren gestoßen zu sein, das heißt wertgeschätzt zu werden. Diesen Trick können Sie auch im zwischenmenschlichen Gespräch anwenden. Ein „Ich verstehe deine Meinung sehr gut" hilft als Eisbrecher und selbst ein „Darüber habe ich auch schon nachgedacht" reicht in vielen Fällen, um eine Gemeinsamkeit herzustellen. Manchmal hilft es auch schon, die Brille, das Kleidungsstück oder sonstige Äußerlichkeiten zu loben. Sie können sich einen Satz zurechtlegen, den Sie einfach immer dann anbringen, wenn Sie auf Fake News-Vertreter treffen.

⮑ Führen Sie eine Unterhaltung, kein Streitgespräch

„Elvis lebt, sein Tod war nur vorgetäuscht."

„Das kann nicht sein. Geht gar nicht."

„Doch."

„Nein."

„Doch!"

„Idiot!"

Fühlen Sie sich mit den alten Griechen verbunden. Für diese war die Rhetorik, auf Deutsch die „Redekunst", eine der „sieben freien Künste", ein in der Antike entstandener Kanon von sieben Studienfächern, die für den damaligen freien Mann die richtige Bildung darstellten. Die Rhetorik war schon in der griechischen Antike als Disziplin bekannt und spielte im Alltag eine herausragende Rolle. Schon bevor die erste Theorie der Überzeugung von Aristoteles ausgearbeitet worden war, gab es die Praxis der Rhetoriklehrer und es existierten entsprechende Handbücher. Die Rhetoriker gehörten teilweise zur Bewegung der Sophisten und legitimierten die Überredung mit der Ansicht, dass eine Wahrheit nicht existiere oder, wenn sie existiert, nicht erkennbar sei. Und gerade diesen letzten Punkt sollten Sie sich merken. Es gab und gibt auch in unserer modernen Welt in der Regel nicht „die eine Wahrheit".

Es geht in der Rhetorik nicht um die Inhalte, sondern um die Art und Weise, dagegen anzugehen, dagegen zu argumentieren. Im Mittelalter waren alle großen Werke argumentativ aufgebaut und mussten sich mit den jeweiligen Gegenargumenten auseinandersetzen. Im viktorianischen England war es das Ziel vieler Abendveranstaltungen, mit geistreichen Anekdoten zu glänzen. Man bereitete sich akribisch darauf vor, den Abend dahin zu steuern, wo die eigene geistreiche Bemerkung angebracht werden konnte. In der aktuellen Medienlandschaft ist diese Form leider nicht mehr wirklich en vogue. Medial geht es meist mehr um die Inszenierung von Gegensätzen und das Aufeinanderprallen von Meinungen und Interessen. Argumentieren bedeutet jedoch im Wortsinne „etwas beweisen" ("argumentum" lat. für „Beweisgrund" oder „Beweismittel").

⬤ Eine spielerische Sichtweise hilft weiter

Machen Sie sich auch frei von dem Gedanken, andere mit einem „Killer-Satz" zu überzeugen. Das ist nicht immer einfach und eigentlich ist es ein kindlicher Wunsch, genau den einen supertollen Satz zu sagen, bei dem der Gesprächspartner zusammenbricht und alle anderen uns bewundernd ansehen.

Überzeugen lassen sich Menschen nicht durch eine Belehrung. Erst in einem Gespräch auf Augenhöhe sind Menschen bereit, von ihren Standpunkten abzurücken. Vor allem wenn Ihr Gegenüber den größten Unfug erzählt, ist es nicht einfach, auf Augenhöhe zu bleiben. Das müssen Sie aber

> Argumente sind Äußerungen, die durch überprüfbare Tatsachen bewiesen oder durch Berufung auf Autorität belegt werden. Argumentieren dient dazu, in einer Erörterung die Gesprächspartner von der Richtigkeit oder Fehlerhaftigkeit einer These zu überzeugen.

schaffen. Sehen Sie es also als Herausforderung an, mit diesen Menschen zu diskutieren. Haben Sie Freude am Spiel.

4.2 Am Anfang: Wut und Ärger überwinden

„Was sagst Du denn zum ‚Fall Lisa'? Flüchtlinge entführen eine 13-jährige Russlanddeutsche und vergewaltigen sie. Ist es das, was Du willst?"

„Mein Gott, da haben wir doch schon 30-mal drüber diskutiert. Die Nachricht ist falsch, falsch, falsch und wenn das nicht in Deinen Schädel reingeht, dann bist Du entweder einfach blöd oder willst mich verarschen."

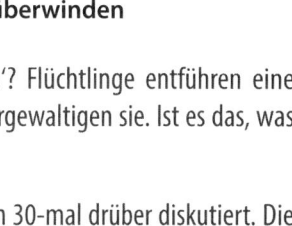

Wut und Ärger stehen uns Menschen schon seit Anbeginn der Zeiten zur Verfügung. Das System ist tief in unserer DNA programmiert. Über Millionen von Jahren hat sich das System bewährt und unser Überleben gesichert. Wut mobilisiert Energie, die uns im Umgang mit dem Feind oder gegenüber unserer Beute mit zusätzlichen Kräften versorgt. Ärger sorgt dafür, dass wir die Situation noch mal überdenken und beim nächsten Mal unser Handeln anpassen. Beides ist also unbedingt notwendig für unser Überleben und wahrscheinlich mit der Grund dafür, dass wir es von unseren Bäumen herunter geschafft haben.

Jetzt hat sich die Welt weitergedreht, Mammuts und Säbelzahntiger gibt es nicht mehr, dafür Computer, Chefs und anstrengende Nachbarn. Die Welt ist komplizierter geworden, es gibt weder einfache Probleme noch einfache Lösungen. So kann die Mutter genervt sein, wenn die Tochter ihre Schuhe unordentlich auf der Schuhablage platziert hat. Oder der Mitarbeiter ist sauer, weil der Chef die Besprechung ausgerechnet heute so spät angesetzt hat. Oder Sie sind verärgert, weil der Bus zu früh abgefahren ist. Ärger gehört zum Alltag. Statistisch gesehen ärgern wir uns mindestens zweimal pro Woche richtig. Nach einer Zeitspanne von etwa einer Stunde verfliegt das Gefühl aber glücklicherweise wieder.

Es bringt sehr wenig, den Ärger einfach zu unterdrücken. Auch das ungehemmte Sich-Luft-Machen ist in der Regel nicht wirklich eine Lösung. Sinnvoll ist hingegen eine bewusste Ärger-Kontrolle. Diese Kontrolle kann erlernt werden, hierfür gibt es verschiedene Methoden:

◗ Tief durchatmen

Die einfachste Methode: Einmal tief Luft holen. Vielen hilft es auch, dann die Luft kurz anzuhalten (ca. zwei Sekunden) und danach auch tief auszuatmen. Mit dieser Methode hat man den ersten Wutanfall schon mal vermieden.

◗ Umkehrmethode

Eine weitere einfache Methode, mit seinem Ärger fertig zu werden, hat der Arzt und Komödiant Eckardt von Hirschhausen sehr treffend beschrieben: „Die einfachste Art, keinen Ärger zu haben, ist, keinen Ärger zu haben." Und zwar nicht, indem Sie den Ärger runterschlucken, sondern indem Sie mit Humor versuchen, aus der Situation herauszukommen. Dazu können Sie sich einfach eine rote Clownsnase kaufen. Am einfachsten beim Verein „Rote Nasen e.V."(www.rotenasen.de), ein Verein, der Kinder in Krankenhäusern besucht und für den an dieser Stelle ausdrücklich Werbung gemacht werden soll. Kaufen Sie sich dort eine Nase und legen Sie sie in eine Schublade, in Ihr Handschuhfach im Auto oder auf Ihren Schreibtisch ins Büro. Und immer dann, wenn Sie jemand ärgert, holen Sie die Nase hervor und setzen Sie sie auf. Sie werden merken, wie Ihr Ärger verfliegt. Wenn Sie Ihr Gegenüber gut kennen, können Sie dies auch direkt im Gespräch machen. Ihr Gesprächspartner wird so perplex sein, dass die Wut erst einmal verraucht ist. Denken Sie aber daran, auch zu lächeln, sonst kann es schnell nach hinten losgehen. Meist ist es aber besser abzuwarten, bis Ihr Gesprächspartner das Zimmer verlassen hat. Und noch eine Warnung: Ihrem Chef sollten Sie so lieber nicht begegnen.

Sie können das Gleiche auch mit anderen Gegenständen machen, die Sie greifbar haben. Ein Stift kann als Schnurrbart dienen, ein Zopfband als Augenring … Hier dürfen Sie selbst kreativ werden. Humor ist das beste Mittel, um mit Ärger fertig zu werden. Leider hilft diese Methode im direkten Gespräch nur selten. Sie 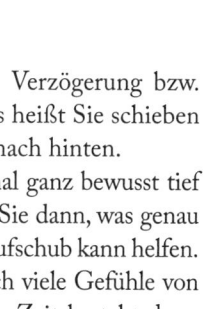 ist eher etwas für hinterher. Um im direkten Kontakt seinen Ärger unter Kontrolle zu bekommen, gibt es bessere Verfahren.

⟳ Auf später vertagen

Eine weitere einfache Möglichkeit ist die Verzögerung bzw. Vertagung Ihres Ärgers und Ihrer Wut. Das heißt Sie schieben Ihren Ärger einfach in Ihrem Bewusstsein nach hinten.

Gehen Sie vor die Tür, atmen Sie dreimal ganz bewusst tief durch und zählen dann bis zehn. Überlegen Sie dann, was genau Sie wütend macht. Auch ein längerfristiger Aufschub kann helfen. Dieser Zeitaufschub hat den Vorteil, dass sich viele Gefühle von allein abschwächen bzw. auflösen. Mit etwas Zeit besteht dann auch die Möglichkeit, sich in Ihr Gegenüber hineinzuversetzen. Es ist schließlich möglich, dass der andere gute Gründe für sein derzeitiges Handeln haben könnte. Das Auto, das auf dem Radweg vor der Apotheke steht, ist dann kein Ärgernis mehr, wenn Sie erfahren, dass der Fahrer ganz dringend ein Medikament für sein Kind benötigt. Die wirrste Verschwörungstheorie ist dann verständlich, wenn Ihr Gegenüber nur mal seine Wut auf den Chef rauslassen wollte. Stellen Sie selbst Ihre eigenen Regeln auf, wann Sie sich Zeit nehmen, über den Ärger nachzudenken.

Meist reichen diese einfachen Mittel aber nicht aus, vor allem in emotional belastenden Gesprächen. Aber glücklicherweise gibt es auch für schwierigere Fälle sinnvolle Techniken.

Anker setzen

Eine gute Technik, um sich in einer schwierigen Situation wieder auf den Punkt zu bringen, ist das Setzen eines Ankers. Dies ist eine einfache und wirkungsvolle Methode, um im Falle des Falles nicht zu platzen, sondern ruhig und gelassen zu bleiben. Als Anker werden externe Reize bezeichnet, die eine bestimmte Emotion in uns auslösen. Für Sie ist wichtig, einen hilfreichen Anker selbst zu setzen. Das heißt einen Anker, der Ihnen im Gespräch hilft, ruhig und gelassen zu bleiben.

Stellen Sie sich zur Vorbereitung verschiedene typische Situationen konkret vor. Wann ist Ihnen das letzte Mal der Hut hochgegangen, wann fühlten Sie sich von Ihrem Ärger übermannt? Wie ging es Ihnen in dieser Situation? Beschreiben Sie ihre negative Emotion und Ihre Wunsch-Emotion.

Anlass/Situation	Emotion unerwünscht	Emotion gewünscht
Gespräch mit Onkel Erwin	nervös, angespannt	entspannt
Treffen mit Petra	klein, unterwürfig, verletzt	auf Augenhöhe
WhatsApp von Stefanie	hilflos, verzweifelt	handlungsfähig
Etc.		

Für Ihren persönlichen Anker gibt es jetzt drei Möglichkeiten: Die erste ist es, den Anker visuell zu setzen, zum Beispiel durch ein Symbol oder Bild. Dies kann, naheliegend, der Anker eines Bootes sein. Es kann aber auch eine Bild sein, was bei Ihnen zu Hause hängt, oder Ihr Hund oder was auch immer. Wichtig ist nur, dass Sie das Bild möglichst konkret vor Augen haben.

Die zweite Möglichkeit ist es, den Anker durch eine Bewegung zu setzten. (Für die Fachleute: Man spricht dann von einem kinästhetischen Anker.) Wichtig bei diesem Anker ist es, dass dieser eindeutig und unverwechselbar ist. Es sollte eine ganz spezielle Bewegung oder Geste sein, die neutral und leicht durchführbar ist. Zum Beispiel: Daumen und Zeigefinger zusammendrücken, auf ein Ohrläppchen drücken oder Ähnliches.

Die dritte Möglichkeit besteht darin, einen Gegenstand zur Hand zu nehmen. Dabei ist es wichtig, einen zu nehmen, der einfach zu erreichen ist und den Sie immer dabeihaben, zum Beispiel einen Schlüsselbund, einen Kugelschreiber, die Kette etc.

Was Sie sich aussuchen, hängt vom eigenen Typus ab. Es gibt Menschen, die sind eher visuelle Typen, andere bevorzugen Bewegung oder müssen etwas in der Hand haben. Am einfachsten ist: Probieren Sie es einfach aus. Wenn Sie einen passenden Anker gefunden haben, können Sie folgende Schritte durchführen:

Schritt 1: Gefühl aussuchen
Suchen Sie sich ein Gefühl aus, das Sie für sich abrufbar machen wollen. Das kann beispielsweise Ruhe, Gelassenheit, Entspannung, Selbstvertrauen oder Mut sein. Suchen Sie sich hierzu

Anker setzen

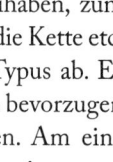

1. Gefühl aussuchen
2. Referenzerfahrung suchen
3. Wiederholen und ankern
4. Testen

Ihren Anker aus. Stellen Sie sich das Bild vor, führen Sie die Bewegung aus oder nehmen Sie den Gegenstand in die Hand.

Schritt 2: Referenzerfahrungen suchen
Denken Sie jetzt an eine vergangene Situation, in der Sie das positive Gefühl gefühlt haben (zum Beispiel Selbstvertrauen in einer Prüfungssituation). Versuchen Sie, sich die Situation so konkret wie möglich vor Augen zu führen. Meist gelingt dies sehr schnell, da wir besondere Erfahrungen auch besonders intensiv abspeichern.

Schritt 3: Referenzerfahrungen wiederholen und ankern
Jetzt gilt es, für dieses positive Gefühl den Anker zu setzen bzw. im Unterbewusstsein dieses Gefühl mit dem Bild, der Bewegung oder dem Gegenstand zu verankern. Beim visuellen Anker gilt es, sich das Symbol oder Bild vor Augen zu führen. Beim kinästhetischen Anker kann jetzt die Bewegung ausgeführt oder der Gegenstand gedrückt werden.

Schritt 4: Testen, ob der Anker wirkt und das Gefühl dazu entsteht
Wenn die Schritte eins bis drei erfolgreich waren, sollte beim visuellen Anker das positive Gefühl vor Augen stehen, wenn an das Symbol oder Bild gedacht wird; beim kinästhetischen Anker sollte das positive Gefühl ausgelöst werden, wenn der Ankerpunkt „gedrückt" wird. Lassen Sie sich nicht entmutigen, wenn dies nicht sofort gelingt. Wiederholen Sie einfach die Schritte oder suchen Sie sich ggf. einen neuen Anker.

Üben Sie gerade in der ersten Zeit so oft wie möglich, Ihren Anker zu setzen. Wenn das positive Gefühl und der Anker stark genug sind, kann man immer und überall das Gefühl aktivieren, wenn der Ankerpunkt „gedrückt" wird. Ziel ist es, diese positive Erfahrung auch in kritischen Situationen wieder erlebbar zu machen, d.h. sich gerade nicht in einen negativen Gefühlsstrudel hineinziehen zu lassen, sondern eine kurze Pause einzulegen, um sich „umzupolen". Wenn Sie also mal wieder in einem schwierigen Gespräch stecken und kurz davor sind, dass Ihnen der Kragen platzt, nutzen Sie einfach Ihren Anker. Allein diese relativ simple Methode wird genügen, damit Sie kurz innehalten können und wieder auf die Sachebene zurückkommen.

⟳ Mit der PFA-Methode Zeit gewinnen

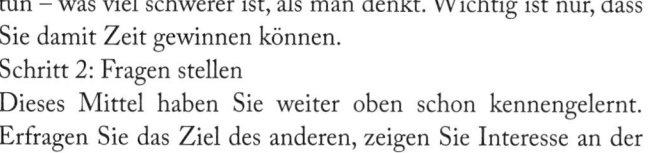

Nicht immer helfen diese relativ einfachen Methoden. Wenn die Wut trotzdem hochkocht, gilt es, erst einmal Zeit zu gewinnen. Eine einfach zu merkende Methode, die auch in der Praxis gut funktioniert, ist wieder ein Dreischritt, die PFA Methode. (Sie merken, alles geht leichter in drei Schritten). PFA ist ein vielfältig einsetzbares und bewährtes Konzept, um ein Streitgespräch konstruktiv umzulenken. Sie können dieses Prinzip auch nutzen, um in Verhandlungen zu bestehen. Für Ihr Thema ist es gut nutzbar, um Zeit zu gewinnen– Zeit, um Emotionen unter Kontrolle zu bekommen, Zeit, um Wut und Ärger zu unterdrücken. Ein Gespräch mit der PFA-Methode führt drei Schritte hintereinander aus: Pause machen, Fragen stellen, Akzeptanz zeigen.

Schritt 1: Pause machen
Sagen Sie erst einmal nichts. Lassen Sie den Satz des anderen auf sich wirken. Nutzen Sie die Zeit, um Ihre Emotionen herunterzufahren. Denken Sie an Ihre Anker oder an etwas Schönes, das Sie sich nachher gönnen werden. Sie können ein nachdenkliches Gesicht machen, machen Sie ein langgezogenes „Hmmm". Was auch immer, versuchen Sie einfach nichts zu tun – was viel schwerer ist, als man denkt. Wichtig ist nur, dass Sie damit Zeit gewinnen können.
Schritt 2: Fragen stellen
Dieses Mittel haben Sie weiter oben schon kennengelernt. Erfragen Sie das Ziel des anderen, zeigen Sie Interesse an der

Person. Das kann auch körperlich unterstützt werden, indem Sie zum Beispiel Ihr Gegenüber direkt ansehen. Nehmen Sie eine offene Haltung ein, beugen Sie sich zu ihm hin. Kurz, zeigen Sie, dass er/sie Ihnen wichtig ist. Fragen Sie ggf. auch nach den Wünschen des anderen. Versuchen Sie, noch möglichst allgemein zu bleiben. Auch wenn es in den Fingern juckt und Sie alles bisher Gesagte total blödsinnig finden, nutzen Sie die Zeit noch, um Ihre Ruhe wiederzufinden.

Schritt 3: Akzeptanz zeigen
Haben Sie Verständnis für den anderen. Zeigen Sie es durch eine gute Kommunikation. Lassen Sie die Geschichte zu, so obskur diese auch immer sein mag. Es geht noch nicht darum, Ihre Position darzulegen, sondern versuchen Sie jetzt, eine Brücke zu bauen, damit Ihr Gegenüber sich wertgeschätzt fühlt. Ein sehr bekannter humoristischer Autor aus England, Terry Pratchett (wenn Sie seine Bücher noch nicht kennen,

PFA-Methode

Akzeptanz zeigen

Pause machen

Fragen stellen

werden diese hiermit wärmstens empfohlen), lässt seine Figur, den Rektor der unsichtbaren Universität, auch noch auf den größten Schwachsinn seiner Kollegen immer mit „Vielen Dank für diese außergewöhnliche Sichtweise …" antworten. Suchen Sie sich einen Satz aus oder erfinden Sie einen neuen. Diesen Satz können Sie in schwierigen Situationen immer anbringen. Zeigen Sie, dass Sie Ihr Gegenüber als Mensch ernst nehmen. Kommunikation kann so einfach sein.

Bei all diesen Schritten müssen Sie berücksichtigen: Schließen Sie erst einen Schritt ab, bevor Sie zum nächsten übergehen. Halten Sie sich unbedingt an den Ablauf. Dieser ist Ihre Richtschnur, Ihr Schiff, das Sie durch unruhige Gewässer trägt. Durchlaufen Sie diese drei Schritte „Pause – Frage – Akzeptanz" so lange, bis Sie sicher sind, dass Ihr Gegenüber mit Ihnen reden möchte. Erst dann haben Sie die Möglichkeit, ihn über Argumente zu erreichen. Vorher sind Sie im Streit gefangen, alles was Sie sagen, wird gegen Sie verwendet. Auch die beste Argumentation hat dann keine Aussicht auf Erfolg.

„Also, ich finde den Trump ja gar nicht so schlecht. Der sagt wenigstens, was Sache ist, selbst der Papst unterstützt den Wahlkampf von Donald Trump."

„Hmmmm, denkst Du?"

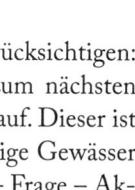

Leitsätze, um Akzeptanz zu zeigen:

„Ich habe Verständnis für diese Sichtweise …"

„Ich kann gut verstehen, dass es so aussieht, als …"

„Es ist nachvollziehbar, dass Sie so denken …"

„Ja, habe ich doch selbst gelesen. Ich weiß gar nicht mehr genau wo, aber der Papst war auf jeden Fall für Trump."

„Der Papst ist also für Trump. Donnerwetter. Warum sollte er denn für Trump sein?"

„Naja, der findet den halt auch gut."

„Ja, die Welt ist schon kompliziert. Da kann man schon mal durcheinander kommen …"

4.3 Währenddessen:
Die richtigen Techniken anwenden

Es gibt viele gute Tipps und Tricks, um während eines Gesprächs oder einer Verhandlung mit rhetorischen Kniffen Ihr Gegenüber zu überzeugen. Die allermeisten sind sehr kompliziert. Wenn Sie Verhandlungsprofi im internationalen Kontext werden wollen, nur zu, man kann immer etwas dazu lernen. Für die Praxis hat sich allerdings gezeigt, dass drei einfache, klare Regeln ausreichen: „Einfacher ist besser", „Weniger ist mehr" und „Wer fragt, der führt".

➲ Einfacher ist besser

„Klimawandel gibt es nicht. Alles eine Erfindung der Chinesen

Seit der Industrialisierung steigt allmählich die globale Mitteltemperatur der Luft in Bodennähe. Wissenschaftliche

Hinweis: In Kapitel 5 werden die gängigsten rhetorischen Mittel der Gegenseite, einschließlich möglicher Gegenmaßnahmen, beschrieben.

Forschungen belegen, dass wir mitten in einer anthropogenen – vom Menschen verursachten – Klimaänderung leben."

„Hör mir bloß auf mit diesem wissenschaftlichen Fachchinesisch . . ."

Die besten Antworten nützen nichts, wenn sie nicht kurz und prägnant formuliert werden können. Gerade beim Thema Fake News ist diese Erkenntnis wesentlich. Wie gezeigt sind viele Fake News-Vertreter auf der Suche nach einfachen Antworten auf komplexe Probleme. Wenn Sie dann in einer abgehobenen Sprache diskutieren, werden Sie diese Menschen sicherlich nicht erreichen. Die Lösung besteht darin, Inhalte kurz, prägnant und leicht verständlich zu präsentieren. Auf Englisch: Keep it short and simple (KISS).

- Verwenden Sie eine einfache Sprache, kurze Sätze. Auch wenn ihr Gegenüber langatmige Vorträge hält, bleiben Sie kurz und konzentrieren sich auf das Wesentliche Ihrer Argumentation.
- Vermeiden Sie dramatische Sprache. Die benutzt Ihr Gegenüber sicherlich schon. Man kann Sachverhalte auch rational und entspannt vorbringen.
- Hüten Sie sich vor herabwürdigenden Kommentaren, auch wenn Sie Ihnen auf der Zunge liegen. Menschen mögen es nicht, wenn sie vor den Kopf gestoßen werden. Mit Beschimpfungen wurde noch nie jemand überzeugt.
- Halten Sie sich an die Fakten und übertreiben Sie nicht. Das kann Ihr Gegenüber im Zweifelsfalle besser als Sie.
- Enden Sie mit einer starken, aber leicht verdaulichen Information, die sich die Leute merken und an ihre Freunde weitergeben. Für Ihr Lieblingsthema sollten Sie immer einige gute Sätze parat haben. Nehmen Sie sich die Zeit. Meist sind es eh die gleichen Themen, die angesprochen werden.

Ein bisschen Humor hat auch noch nie geschadet. Nebenbei bemerkt, wenn Sie keine Lust auf das Thema haben, kann man mit der richtigen Mischung in Auftreten und Gehabe auch mit guten Anschlusssätzen Gespräche abwürgen. Sie haben dann zwar Ihr Gegenüber nicht überzeugt, aber manchmal braucht man einfach auch eine Pause. Beispiele für einfache Aussagen:

„97 von 100 Klimawissenschaftlern sind sich einig, dass die Menschheit die globale Erwärmung verursacht."

„Das Völkerrecht regelt die Beziehungen zwischen Staaten. Wenn Du einen Vertrag unterschreibst, willst Du ja auch, dass er eingehalten wird."

„Oder mit Humor: Außerirdische oder keine Außerirdischen? Die Frage ist doch, ob es intelligente Wesen auf der Erde gibt. Dies ist noch nicht erwiesen.

➥ Argumente gezielt einsetzen

„Das Delikt Gruppenvergewaltigungen — stellen Sie sich vor, das gab es bis vor kurzem als eigene Rubrik noch gar nicht. Doch „dank" eines Anstiegs um 130 Prozent innerhalb der Tätergruppe Asylbewerber in nur einem Jahr ist sie nun offenbar nötig. "
(Alice Weidel, AfD im Interview)

Ja, die AfD, die braune Soße. Das Delikt „Gruppenvergewaltigung" gibt es doch schon seit Jahrzehnten, das taucht auch in den polizeilichen Statistiken auf. Schon lange vor der Flüchtlingskrise wurden Hunderte solcher Fälle dokumentiert. Außerdem zeigt die Statistik, dass Flüchtlinge genau die gleiche Verbrechensrate haben wie Deutsche auch, einzig in der Kategorie „illegaler Grenzübertritt" gibt es natürlicherweise mehr Verfahren als bei Deutschen. Und außerdem hat die AfD ja auch die Falschmeldung verbreitet, dass die Polizei offiziell dazu angehalten sei, die Straftaten von Flüchtlingen zu vertuschen. Eine Fake News-Meldung, die die Weidel auch verbreitet hat: Ein dreiseitiges Papier enthält eine Sonderregel für straffällig gewordene Flüchtlinge. Eine Anweisung an die Behörden, angeblich vom NRW-Innenminister Herbert Reul persönlich. Wie kann man so jemandem trauen?

Es gibt viele Möglichkeiten, Menschen zu überzeugen. Totquatschen ist die schlechteste davon und außerdem viel zu anstrengend. Entscheidender ist die Anzahl der Argumente. Dies wurde in unzähligen Versuchen der Marketingindustrie nachgewiesen. In einem ihrer Experimente ließen die Forscher ihre Probanden von einer Shampoo-Werbung berieseln. Diese war natürlich frisiert und enthielt, je nachdem welche Gruppe den Clip sah, mal zwei, mal drei, mal vier, fünf oder sechs typische Argumente für das Haarwaschmittel – etwas Übliches in der Art von „XYZ macht die Haare gesünder, kräftiger, weicher, glänzender, voller."

Sowohl vorher als auch nachher prüften die Wissenschaftler die Einstellung ihrer Teilnehmer gegenüber dem Produkt, ihre Bereitschaft, es zu testen, womöglich gar einem unmittelbaren Kaufimpuls nachzugehen. Um es kurz zu machen: Die Ergebnisse waren eindeutig. Die optimale Anzahl der Argumente lag bei maximal drei. Hier gab es die höchste Reaktionsrate für Kaufimpulse. Ab dem vierten Argument passierte etwas anderes: Die Skepsis stieg rapide an und mit jedem weiteren Argument der Widerstand, den Argumenten überhaupt zu glauben. Falls Sie also jemanden von etwas überzeugen müssen, nennen Sie maximal drei Punkte, die Ihre Position untermauern, keinen mehr.

Wenn Sie Zeit haben, sich auf ein Gespräch vorzubereiten, zum Beispiel weil Onkel Paul sicherlich dieses Weihnachten auch wieder dabei sein wird, dann legen Sie eine Reihenfolge der Argumente fest. Zum einen hilft es dabei, kein Argument in der Aufregung zu vergessen, zum anderen können Sie Ihre Argumente mit dem richtigen Aufbau auch verstärken. Aus der Rhetorik weiß man, dass die überzeugendste Argumentation sich systematisch aufbaut: Das zweitbeste Argument gehört an den Anfang. Es prägt am stärksten die Gesprächsatmosphäre und Überzeugungsbereitschaft (oder Ihr Gegenüber winkt schon ab), es hat die höchste Aufmerksamkeit und prägt sich mittelstark ein. In die Mitte gehört das schwächste Argument – es wird gerne überhört und am schnellsten vergessen. Das Beste kommt zum Schluss. Hier müssen Sie mit dem stärksten Argument punkten. Es hallt nach, bleibt am längsten haften und hieran knüpft sich die weitere Diskussion.

⬎ Nutzen Sie Fragen

„Wer fragt, der führt." Dies gilt umso mehr, wenn Sie in schwierigen Gesprächen stecken. Hier müssen Sie die Führung übernehmen, denn sonst endet das Gespräch doch nur wieder im Streit. Fragen verfolgen dabei unterschiedliche Zwecke. Die Spannung lässt sich mindern, das Gespräch lässt sich versachlichen, Sie können Ihrem Gegenüber Ihre Wertschätzung zeigen oder auch herausfinden, worum es im Gespräch wirklich geht.

Vor allem Letzteres ist häufig eine Quelle von Streit. Gemäß dem Eisbergmodell (googeln Sie es mal, wenn Sie davon noch nicht gehört haben) finden 80 % der Kommunikation unausgesprochen statt, das heißt es geht um Einstellungen, Werte, Emotionen …, kurz um alles, was unter der „Wasseroberfläche" schlummert. Das gesprochene Wort macht hingegen nur 20 % der Kommunikation aus. Das ist sozusagen die sichtbare Hälfte des Eisberges. Und wie auch die Titanic an einem Eisberg zerschellt ist, zerschellen viele Gespräche an den unausgesprochenen Aspekten der Kommunikation.

Fragen helfen hier weiter. Sie sind die einfachste Form der Kommunikation und, richtig angewandt, sind sie ein Zaubermittel, um viele schwierige Gespräche in ruhigere Gewässer zu führen. Die einfachste Unterscheidung von Fragetypen, die Sie sich im Ernstfall ins Gedächtnis rufen können, ist die Unterscheidung zwischen offenen und geschlossenen Fragen:

Offene Fragen engen die Antwort nicht ein, sondern öffnen das Gespräch. Beispiele: „Welche Aspekte dieser Geschichte sind denn so interessant? – „Was könnte Sie vom Gegenteil überzeugen?" Vor allem zu Beginn eines Gesprächs oder während eines Klärungsprozesses sind offene Fragen von Vorteil. Häufig ist man bei wunderlichen Geschichten wie vor den Kopf geschlagen. Offene Fragen können dann ein Gespräch in Gang setzen: „Das habe ich nicht verstanden, wie war das nochmal mit …?" Sie helfen auch dabei, die 80 % des Unterwassereisberges zu erkennen. Wie dargestellt geht es Verfechtern von Fake News meist gar nicht um die Aussage an sich. Offene Fragen helfen, die dahinterstehenden Motive zu erfassen. Und nebenbei sind sie auch eine gute Gelegenheit, Zeit zu gewinnen (siehe oben).

„Es gilt für Schweden eine massive Reisewarnung, herausgegeben vom Auswärtigen Amt. Trump hatte ja auch von Flüchtlingsausschreitungen in dem Land gesprochen."

„Warum glaubst Du, dass es für Schweden eine Reisewarnung gibt?

Na, wegen den ganzen Flüchtlingen dort".

„Das habe ich noch nicht verstanden, wie war das noch mal mit Trump"?

„Na, der hatte in einer Rede doch davon erzählt."

„Wovon hatte der genau erzählt?"

Geschlossene Fragen geben die Antwortmöglichkeiten vor. Der Befragte muss sich zwischen Alternativen entscheiden, häufig zwischen einem Ja oder Nein. Beispiele: „Sehen Sie das genauso?" – „Sind Sie damit einverstanden?" Geschlossene Fragen dienen dazu, den anderen auch mal „festzunageln". Eine häufige Argumentationsform der Fake News-Vertreter ist es nämlich, möglichst im Ungefähren zu bleiben. Andeutungen, schnelle Themenwechsel und vor allem, sich nicht festzulegen, dienen dazu, keine Angriffsfläche zu bieten. Daher kann es sinnvoll sein, zwischendurch zu fragen: „Habe ich das jetzt richtig verstanden, dass …?" Aber Vorsicht, solche Fragen können schnell als Angriff ausgelegt werden, vor allem bei den Verbohrten, die plötzlich merken, dass sie sich auf dünnem Eis bewegen (wenn Sie beim Eisbergvergleich bleiben wollen). Formulieren Sie also mit Vorsicht und setzen Sie die Fragen gezielt ein: „Ich bin mir nicht ganz sicher, aber ist es richtig, dass …?" Vor allem gegen Ende eines Gesprächs sind geschlossene Fragen sinnvoll, auch, aber nicht nur, um ein Gespräch zu beenden.

„Es wird ja alles immer schlimmer. Kürzlich hat die Polizei eine Frau festgenommen, die sich über einen parkenden Krankenwagen beschwert hatte – per Zettel an der Windschutzscheibe. Das Bild davon war im Internet zu sehen."

„Wo genau war denn das?"

„Na, in England, ich glaube in Wakefield oder so."

„Und deshalb wird alles hier in Deutschland immer schlimmer?"

„Ja, genau. Wie neulich, als der Raser noch dreist getankt hat und die Polizei den trotzdem nicht festnehmen durfte."

„Jetzt habe ich den Faden verloren. Erstmal ging es doch um den Krankenwagen, oder?"

„Ja, genau die Geschichte mit dem Krankenwagen in England."

„Und ich habe richtig verstanden, dass das ein Zeichen ist, dass hier alles schlimmer wird?"

Es gibt neben dieser Unterscheidung in der Literatur noch weitere detaillierte Fragensysteme, zum Beispiel klärende Fragen, Konkretisierungsfragen, zielführende Fragen, hypothetische Fragen, interpretierende Fragen usw. Es lohnt sich, sich mit dem Thema auseinanderzusetzen, vor allem wenn Sie Ihre Gesprächsführungskompetenzen verbessern möchten (im Internet finden Sie genug zum Thema). Für hiesige Zwecke reicht aber die Unterscheidung zwischen offenen und geschlossenen Fragen und deren Anwendungsmöglichkeiten. Nutzen Sie die Fragen für Ihre aktive Gesprächsführung. Fragen hilft! Mit diesen drei Grundlagen (offene Einstellung dem anderen gegenüber, Wut und Ärger überwinden und einfach anzuwendende Gesprächstechniken) haben Sie eigentlich schon alles erreicht: Sie sind als Gesprächspartner akzeptabel. Wenn Sie in einer größeren Runde sind, haben Sie schon mal nicht Ihr Gesicht verloren. Sie sind in der Lage, besonnen und mit ruhiger Stimme den nächsten Schritt zu gehen – den Versuch, Ihr Gegenüber zu überzeugen.

Kapitel 5: Was tun? Mit der Triple-A-Methode gegen Fake News

Es ist wie beim Eiskunstlaufen: Die Grundlagen waren die Pflicht, jetzt kommt die Kür. Mit den eingangs erwähnten grundlegenden Einstellungen haben Sie die erste Hürde gemeistert. Im Idealfall können Sie jetzt mit Ruhe und Gelassenheit die Inhalte angehen. Seien Sie aber nicht überrascht, wenn dies nicht immer klappt. Wenn Sie in acht von zehn Fällen gut aus einem Gespräch herauskommen, gehören Sie schon zur Spitze.

Es gibt haufenweise Regeln, um in einer Argumentation als Sieger hervorzugehen. Ein eher abschreckendes Beispiel sind die sogenannten Fünf-Satz Regeln, von denen es auch noch unzählige verschiedene Formen gibt. Da gibt es die Standpunktformel, den dialektischen Fünfsatz, die Kompromissformel, Problemlösungsformel, ... (Wenn man etwas tiefer in den Untiefen des Internets gräbt, wird man sicherlich auch noch mehr finden).

Die meisten Regeln sind viel zu kompliziert, um sie in der Praxis einzusetzen. Die Vorschläge dienen eher für Redner, die sich lange auf ihren Einsatz vorbereiten können. In der Regel haben Sie bei Fake News-Vertretern diese Zeit nicht. In der Gesprächspraxis ist es deshalb einfacher, sich auf ein einfaches Verfahren zu konzentrieren, dies dafür aber durchzuhalten.

Drei Punkte kann sich jeder merken – mehr nicht

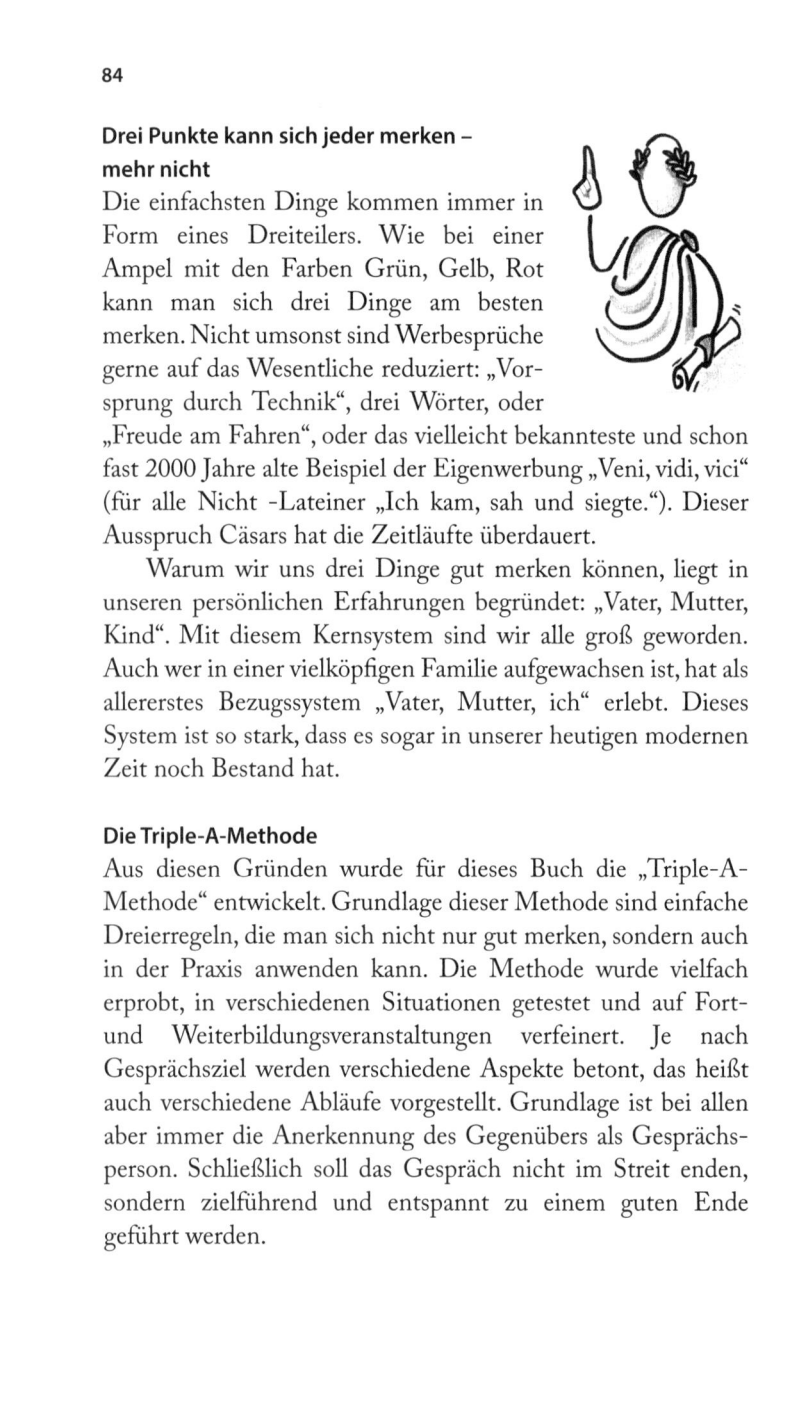

Die einfachsten Dinge kommen immer in Form eines Dreiteilers. Wie bei einer Ampel mit den Farben Grün, Gelb, Rot kann man sich drei Dinge am besten merken. Nicht umsonst sind Werbesprüche gerne auf das Wesentliche reduziert: „Vorsprung durch Technik", drei Wörter, oder „Freude am Fahren", oder das vielleicht bekannteste und schon fast 2000 Jahre alte Beispiel der Eigenwerbung „Veni, vidi, vici" (für alle Nicht -Lateiner „Ich kam, sah und siegte."). Dieser Ausspruch Cäsars hat die Zeitläufte überdauert.

Warum wir uns drei Dinge gut merken können, liegt in unseren persönlichen Erfahrungen begründet: „Vater, Mutter, Kind". Mit diesem Kernsystem sind wir alle groß geworden. Auch wer in einer vielköpfigen Familie aufgewachsen ist, hat als allererstes Bezugssystem „Vater, Mutter, ich" erlebt. Dieses System ist so stark, dass es sogar in unserer heutigen modernen Zeit noch Bestand hat.

Die Triple-A-Methode

Aus diesen Gründen wurde für dieses Buch die „Triple-A-Methode" entwickelt. Grundlage dieser Methode sind einfache Dreierregeln, die man sich nicht nur gut merken, sondern auch in der Praxis anwenden kann. Die Methode wurde vielfach erprobt, in verschiedenen Situationen getestet und auf Fort- und Weiterbildungsveranstaltungen verfeinert. Je nach Gesprächsziel werden verschiedene Aspekte betont, das heißt auch verschiedene Abläufe vorgestellt. Grundlage ist bei allen aber immer die Anerkennung des Gegenübers als Gesprächsperson. Schließlich soll das Gespräch nicht im Streit enden, sondern zielführend und entspannt zu einem guten Ende geführt werden.

Wichtig ist es dementsprechend, dass Sie sich im Vorfeld über Ihr Ziel im Klaren sind. Das hört sich erst einmal schwierig an, vor allem wenn Sie mitten in der Gesprächssituation sind. Sie werden aber feststellen, dass Sie nach kurzer Zeit diese Zielsuche ganz automatisch in Ihrem Kopf ablaufen lassen. Ihre Ziele können sein, Ihr Gegenüber überzeugen zu wollen, schnell aus dem Gespräch zu kommen oder selbst aktiv zu werden und ein Gespräch zu beginnen.

Überzeugen mit Argumenten:
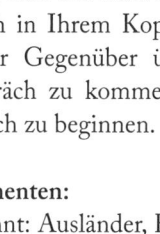
Die Themen sind bekannt: Ausländer, Klimawandel, Medienschelte, Weltverschwörung … In den allermeisten Fällen sind Fake News bekannte Geschichten, die häufig nur in neuen Gewändern vorgetragen werden. Vor allem wenn das Thema immer wieder von den gleichen Menschen kommt, können Sie sich gut vorbereiten. Wichtig ist es, eine gute Anleitung im Kopf zu haben. An dieser können sie sich festhalten und sich auf das eigentliche Thema konzentrieren.

Das Gespräch freundlich abbrechen:
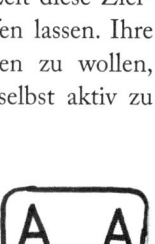
Manchmal werden Sie von Fake News-Vertretern aber auch überrascht. Wie gezeigt sind es meist harmlose Situationen, in denen dann plötzlich Themen auftauchen, die man wirklich nicht erwartet hätte. Wenn Sie sich von Ihrem Schreck erholt haben (Zeit gewinnen!), können Sie mit der richtigen Argumentationstechnik gut aus solchen Gesprächen herauskommen und, wenn Sie möchten, das Thema auf später vertagen.

Selbst aktiv werden:
Haben Sie erfolgreich das Thema vertagt, können Sie später wieder darauf zurückkommen. Es kann auch hilfreich sein, selbst ein Thema anzusprechen, um anderen den Wind aus den Segeln zu nehmen. Wenn Sie wissen, dass Tante Frieda auf jeder Familienfeier immer wieder die Nazizeit verteidigt, können Sie auch mal selbst mit dem Thema anfangen. Dann haben Sie das Heft in der Hand und können im günstigsten Fall von Anfang an klare Linien ziehen.

Zu jedem Punkt wird eine Dreierregel (Triple-A) vorgestellt. Halten Sie sich daran. Die Regeln helfen nicht nur in der Argumentation, sondern dienen auch dazu, einen festen, inneren Kompass als Stütze zu haben. Wenn Sie mit System argumentieren, wird sich auch ein Erfolg einstellen.

Argumentieren mit Argumenten	Das Gespräch abbrechen	Selbst aktiv werden
• Aussage voranstellen	• Anerkennung vermitteln	• Anfangen mit System
• Anerkennung vermitteln	• Allgemein fragen	• Anerkennung vermitteln
• Argument einbringen	• Auf später vertagen	• Argumente einbringen

5.1 Überzeugen mit Argumenten: Mit der Triple-A-Methode die Stellung halten

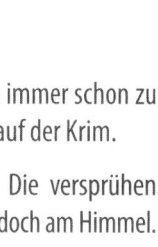

Flüchtlinge bekommen alle Anwälte bezahlt und können hier ungesühnt ihre Verbrechen begehen. Ich sage, alle kriminellen Ausländer ausweisen, dann gibt es auch keine Einbrüche mehr und wir könnten unsere Haustür wieder offen stehen lassen.

Russland hat die Krim gar nicht besetzt. Die gehörte immer schon zu Russland. Es gab auch gar keine russischen Truppen auf der Krim.

Die Amerikaner wollen uns unfruchtbar machen. Die versprühen Chemikalien per Flugzeug. Diese Chemtrails sieht man doch am Himmel.

Klimawandel gibt es gar nicht, alles eine Erfindung der Chinesen.

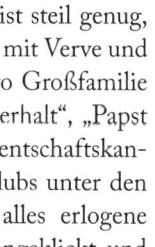

Eben noch in einer angenehmen Gesprächssituation und plötzlich kommt ein Satz, auf den Sie spontan reagieren sollen. Wie im ersten Kapitel beschrieben, keine These ist steil genug, als dass es nicht jemanden geben würde, der diese mit Verve und Engagement vertritt. „Flüchtlinge bekommen pro Großfamilie über 7000 Euro im Monat vom Staat als Unterhalt", „Papst Franziskus unterstützt Donald Trump als Präsidentschaftskandidat", „Kindertagesstätten veranstalten Fight Clubs unter den Kindern, um für Ruhe zu sorgen", das sind alles erlogene Geschichten, die und trotzdem millionenfach angeklickt und kommentiert werden– und leider auch direkt im Gespräch vertreten. Wie jetzt reagieren? Vor allem wenn man überrascht wird und eigentlich nichts Böses erwartet hat, wird es schwierig. Für diese Fälle hat sich der folgende Ablauf in zahlreichen Gesprächen bewährt. Das System schafft Sicherheit und einen Ansatzpunkt, um den Gesprächspartner wirksam zu widerlegen.

Schritt 1: Aussage voranstellen

Als Allererstes dürfen Sie nicht direkt auf die Aussage Ihres Gegenübers reagieren. Unterdrücken Sie Ihren Impuls, sofort mit einem Gegenargument zu antworten. Dies ist gar nicht so einfach. Wir wollen automatisch im Gespräch bleiben und sind es gewohnt, direkt zu antworten. Nur nützt es in aller Regel wenig. Im ersten Kapitel wurde gezeigt, dass es bei Fake News weniger um den Kopf als vielmehr um den Bauch geht. Emotionen sind wichtiger als Argumente. Dieses Prinzip gilt auch für Ihre Reaktion. Als Erstes müssen Sie deshalb Ihre Position klarmachen. Damit signalisieren Sie Ihrem Gegenüber, wo Sie stehen und was er von Ihnen erwarten kann. Dies alles natürlich verpackt in nette Worte. Sie wollen ja ein Gespräch anfangen und keinen Streit. Beispiele für Kernaussagen können sein:

Im Grundgesetz steht, alle Menschen sind vor dem Gesetz gleich. Dieses Gesetz gilt auch für Flüchtlinge.

Es gibt aus guten Gründen internationale Regeln, an die sich Staaten halten müssen. Werden Verträge gebrochen, muss es Sanktionen geben.

Kondensstreifen am Himmel entstehen durch die Abgase von Flugzeugen. Über Flughäfen kann man das bei schönem Wetter sehr gut beobachten.

Der Klimawandel ist Realität, da sind sich alle relevanten Forscher einig, die Auswirkungen spüren wir bereits jetzt.

Sie sehen an diesen Beispielen, dass Sie Ihre Kernaussagen allgemein halten können. Hier schlagen Sie die Pflöcke ein, die Sie im Folgenden durch das Gespräch führen werden. Versuchen Sie deshalb, die Aussage möglichst entspannt vorzutragen und gar keinen Zweifel zu lassen, dass Sie und Ihr Gegenüber eine Gemeinsamkeit haben, die nicht mehr angezweifelt werden muss. Ob dies wirklich stimmt, ist zu diesem Zeitpunkt unerheblich. Mit der Kernaussage haben Sie zudem auch die Möglichkeit, die Initiative zu gewinnen. Nicht Sie reagieren auf Ihr Gegenüber, sondern dieses muss auf Sie reagieren.

Die Schwierigkeit dabei: Sie müssen natürlich ihre Kernaussage irgendwie vorbereitet haben. Meist kennt man aber seine Pappenheimer und viele Fake News-Gespräche drehen sich eh um die gleichen Themen. Da lassen sich aus den bisherigen Erfahrungen leicht ein paar Kernsätze vorbereiten. Mit etwas Übung werden Sie aber auch spontan auf eine allgemeine Aussage kommen. Je öfter Sie dieses System nutzen, desto schneller werden Sie Ihre Lieblingssätze parat haben und auch spontan neue kreieren können.

Warum ist es so wichtig, die Kernaussage voranzustellen?
In Kapitel 2 wurde gezeigt, dass das Gehirn faul ist. Das heißt es macht sich nicht immer die Mühe, die Dinge genau zu verstehen. Diesen Effekt können auch Sie sich zunutze machen, indem Sie Ihre Kernaussage als allerersten Satz voranstellen. Ihr Gegenüber wird diesen Satz unbewusst übernehmen.

Ein weiterer Effekt: Indem Sie Ihren Satz immer wieder nutzen, wird er bei Ihrem Gesprächspartner auch im Gedächtnis hängen bleiben. Wie ebenfalls im zweiten Kapitel gezeigt wurde, bewerten wir bekannte Dinge automatisch positiver. Je öfter wir etwas hören, desto höher stufen wir seinen Wahrheitsgehalt ein. Werbung funktioniert durch Wiederholung. Irgendwann glauben Sie, dass Persil weißer wäscht als andere Waschmittel, „FruchtZwerge" gesund für Kinder sind und Profifußballer Nutella zum Frühstück essen.

Und einen dritten Effekt hat das Vorbringen der Kernaussage auch noch: Sie können sich selbst damit Zeit verschaffen. Wie im vorherigen Kapitel beschrieben, gilt es, zuerst Zeit zu gewinnen, um Ärger und Wut zu unterdrücken. Dies schaffen Sie auch, indem Sie Ihre Kernaussage wiederholen. Egal wie das Argument, der Angriff oder die Frage Ihres Gegenübers lautet, zuallererst wiederholen Sie stur Ihre Kernaussage. Das verschafft Ihnen nicht nur Zeit zum Nachdenken, sondern sorgt auch dafür, dass sich das Argument in das Gehirn Ihres Partners eingräbt.

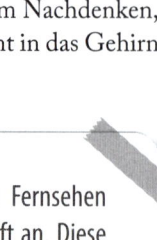

Aufgabe für Zuhause: Schauen Sie sich im Fernsehen Interviews mit Profis aus Politik und Wirtschaft an. Diese reagieren nie direkt auf die Frage, sondern versuchen immer zuerst ihre Kernaussage zu platzieren. Ob sie danach überhaupt noch auf die Frage antworten, ist dann eh egal. Meist verliert das Gegenüber schon nach den ersten Sätzen den Überblick.

Was wäre die Alternative?
Stellen Sie gleich am Anfang ein Argument vor, erreichen Sie nur Widerspruch. Emotionen sind wichtiger als Argumente. Selbst mit dem Killerargument (dem Argument, das Ihr Gegenüber sofort in dieser Sekunde vom Gegenteil überzeugt) erreichen Sie vielleicht den Kopf, aber den Bauch sicherlich nicht. Dieser ist in dieser Situation aber wichtiger.

Ein zweiter Effekt ist ebenso wichtig: Wie ebenfalls bereits aufgezeigt, sucht Ihr Gegenüber Bestätigung, keine Widerworte. Aber gerade diese Bestätigung dürfen Sie ihm nicht liefern. Stimmen Sie, wenn auch nur pro forma oder um eine gemeinsame Basis zu finden, Ihrem Gegenüber in seiner Sichtweise zu, bleibt nur dies bei ihm hängen. Egal was Sie danach sagen, Ihr Partner wird sich bestärkt fühlen und seine Sichtweise weitertragen. Anerkennung dürfen Sie ihm erst im zweiten Satz geben.

Schritt 2: Anerkennung vermitteln

Im zweiten Schritt signalisieren Sie dann Verständnis für die Position Ihres Gegenübers, das ist ein ganz einfacher und uralter Trick, um eine Gemeinsamkeit zu finden und eine Verbindung mit Ihrem Gesprächspartner herzustellen. Wir Menschen sind immer noch Herdentiere und für unser Überleben war es wichtig, in der Gruppe aufgehoben zu sein. Wir versuchen instinktiv, eine gemeinsame Ebene mit anderen Menschen herzustellen. Der berühmte Staubsaugervertreter tut nichts anderes, wenn er in Ihre Wohnung kommt und Dinge sagt wie: „Schicke Topfpflanze, ich habe die selbst auch. Aber bei mir wächst sie einfach nicht." So entsteht eine Gemeinsamkeit und der Kunde ist offener für Spontankäufe. Beispiele für verbindende Aussagen können sein:

„Ich kann gut nachvollziehen, wie man auf diese Sichtweise kommen kann, das ist auch wirklich ein schwieriges Thema."

„Ich verstehe Ihre Position sehr gut, man könnte angesichts der internationalen Lage verzweifeln."

„Dazu sind ja viele Artikel erschienen, ich selbst habe mich auch schon gefragt, warum das Thema immer wieder hochkocht."

„Mit diesem Thema habe ich mich auch schon oft beschäftigt, der Klimawandel insgesamt ist sehr komplex und es gibt hier viele schwierige Punkte."

Auch hier können Sie sich wieder einen oder mehrere Lieblingssätze vorab zusammenstellen. Wahrscheinlich werden Sie sowieso schon eigene Phrasen (im positiven Sinne) haben, die Sie gerne verwenden. Welche Sie nutzen, ist erst einmal völlig unwichtig. Versuchen Sie aber, Ihren Satz ehrlich und mit Engagement zu vertreten. Wir haben sehr feine Sensoren, ob jemand etwas ernst meint oder uns nur etwas verkaufen möchte. So gut zu werden wie der oben genannte Staubsaugervertreter, erreicht man nur im Rahmen einer Ausbildung und mit viel Erfahrung.

Einen relativ einfachen Trick, um überzeugend zu wirken, gibt es allerdings. Sie können eine gemeinsame Basis herstellen, indem Sie Ihre Körperhaltung mit dem anderen synchronisieren. Untersuchungen haben herausgefunden, dass Flirtversuche in Bars eine höhere Aussicht auf Erfolg haben, wenn die Paare zeitgleich handeln, das heißt zur gleichen Zeit lachen, zeitgleich ihr Getränk trinken, gleichzeitig in die Schüssel mit den Erdnüssen greifen etc. Das nennt man in der Psychologie „spiegeln": Ich spiegle die Aktionen meines Partners, um eine Gemeinsamkeit herzustellen. Beugt dieser sich vor, tue auch ich das. Senkt er den Kopf, handle ich ebenso.

Beobachten Sie einmal alte Ehepaare daraufhin, wie die Partner aufeinander reagieren. In guten Ehen gibt es viele gemeinsame Handlungen, Rituale etc., die die Partner mehr oder weniger gleichzeitig ausführen. Und nichts anderes sollen auch Sie mit diesem zweiten Schritt unternehmen. Schaffen Sie eine Augenhöhe, indem Sie Ihrem Gegenüber signalisieren: „Ich nehme Dich ernst, Du bist mir wichtig, ich höre Dir zu."

> Merksatz EWZ – „Ich nehme Dich ernst, Du bist mir wichtig, ich höre Dir zu."

Warum ist Anerkennung an dieser Stelle so wichtig?
Der Sinn hinter diesen Sätzen ist es, dem anderen zu zeigen, dass Sie ihn als Person ernst nehmen. Sie sprechen also wieder den Bauch an. Jeder Mensch möchte zuerst einmal anerkannt

werden. Und gerade die Vertreter von Fake News wollen mit ihren Emotionen, ihren Ängsten wahrgenommen werden. Denken Sie daran, dass diese Menschen schon viel Widerspruch erfahren haben. Sie sind schließlich nicht der Einzige, der dagegen argumentiert. Schaffen Sie es an dieser Stelle, Ihr Gegenüber einzufangen und ihm als Person aufgeschlossen gegenüberzutreten, wird es offener für ihre Argumentation sein. Sie bereiten sozusagen das Feld vor, auf dem Sie Ihre Saat verteilen werden.

Im zweiten Kapitel wurde ebenso gezeigt, dass Menschen offener gegenüber Argumenten sind, wenn sie als Personen eine bestimmte Kompetenz zugesprochen bekommen. Das kann auch einfach durch die Anerkennung dafür realisiert werden, dass der andere sich überhaupt mit dem Thema beschäftigt. In vielen Fällen reicht schon ein einziger Satz in dieser Richtung aus, um Ihr Gegenüber in eine positive Haltung zu versetzen.

Was wäre die Alternative?
Würden Sie an dieser Stelle gleich mit Ihrer Argumentation beginnen, werden Sie aller Wahrscheinlichkeit nach direkten Widerspruch ernten. Dann sind Sie schnell im Streitgespräch. Denken Sie an dieser Stelle auch daran, dass Sie meist nur wenig Chancen haben, Ihr Gegenüber direkt zu überzeugen. Dies ist eher ein langfristiger Prozess. Und nicht zuletzt gilt auch hier wieder: Sie verschaffen sich mit Ihren vorbereiteten Lieblingssätzen wertvolle Zeit, Zeit, ihren Ärger in den Griff zu bekommen und ihre Argumente vorzubereiten.

Die Schwierigkeit ist tatsächlich, diesen Punkt nicht bloß als reines Ritual zu nehmen. Bleiben Sie auch in schwierigen Situationen offen für den Menschen, der Ihnen die Geschichte erzählt. Das können ganz nette Menschen sein. Erst wenn Sie selbst auch offen für ein Gespräch auf Augenhöhe sind, können Sie direkt auf das Argument Ihres Gegenübers eingehen. Dies ist dann der dritte Schritt.

Schritt 3: Argumente einbringen

Mit den beiden ersten Schritten haben Sie Zeit gewonnen und den Weg vorbereitet, um ein rationales Gespräch einzuleiten. Jetzt endlich können Sie im dritten Schritt den Kopf Ihres Gegenübers ansprechen, das heißt Ihre Argumente oder Sichtweise einbringen. Voraussetzung dafür ist natürlich, dass Sie an dieser Stelle auch etwas erwidern können. Das muss nicht das Killerargument sein (und wie bereits gezeigt, gibt es dieses in den allermeisten Fällen auch gar nicht). Es reicht aus, mit einfachen Sachen zu beginnen. Nutzen Sie Argumente, um ins Gespräch zu kommen. Denken Sie daran, Sie wollen ein Gespräch führen und nicht das Gespräch abbrechen. Und lassen Sie sich nicht unter Stress setzen, Sie müssen nicht gleich mit dem stärksten Argument ins Haus fallen. Gute Einleitungen wären in unseren Beispielen:

„Neu angekommene Flüchtlinge erhalten ja nicht den vollen Hartz IV-Satz. Erst wenn sie anerkannt sind und den vollen Schutzstatus genießen, sind sie als vollwertige Bürger anerkannt …"

„Dass die Russen die Krim völkerrechtswidrig annektiert haben, ist ja deutlich geworden. Wenn wir das akzeptieren, akzeptieren wir, dass internationale Verträge völlig wertlos sind. Deshalb steht die Frage im Raum, wie wir mit der Situation umgehen."

„Bei diesem Thema frage ich mich immer wieder, warum die Amerikaner eigentlich wollen, dass wir alle unfruchtbar werden. Ich persönlich glaube ja …"

„17 der 18 wärmsten Jahre seit der Erforschung des Wetters Anfang des 19. Jahrhunderts sind seit dem Jahr 2000 aufgetreten. Alle relevanten Forscher sind sich einig …"

Wie genau Sie Ihr Argument belegen können (und müssen), hängt natürlich von Ihrem eigenen Wissen und der Situation ab. Meist sind Sie ja nicht völlig unvorbereitet, sondern wissen schon, was Sie erwartet. Onkel Paul auf der Familienfeier, der Schwachkopf aus der Fußballmannschaft oder die merkwürdige Kollegin aus der Nachbarabteilung – man kennt seine Pappenheimer. Es lohnt sich auf jeden Fall, sich vorzubereiten. Meist reicht schnelles Googeln, dann hat man die wesentlichen Informationen beisammen.

An dieser Stelle stellt sich natürlich die Frage, warum Sie überhaupt noch Argumente anbringen sollen. Wäre es nicht besser, einfach davonzugehen? Denken Sie vor allem an Ihr primäres Ziel: Sie wollen mit einem guten Gefühl aus der Sache herauskommen. Und dafür reicht es nun eben nicht, einfach nur das Gespräch abzubrechen. Wenn Sie wirklich etwas bewegen wollen, müssen Sie sich auch mit der jeweiligen Thematik beschäftigen. Das ist gar nicht so mühsam, wie es aussieht. Meist reicht es wirklich, nur kurz Stichpunkte zu googeln. Die meisten Fake News sind leicht zu enttarnen. Und es kann auch sehr unterhaltsam sein, zu schauen, welchen Schwachsinn Menschen produzieren können.

Und als Zweites gilt auch noch ein Grundsatz, der bereits mehrfach betont wurde. Versuchen Sie ein Gespräch zu führen, nehmen Sie Ihr Gegenüber als Menschen wahr. Insbesondere bei Ihnen nahestehenden Menschen sollten Sie es wenigstens probieren. Mit der richtigen Haltung kann man auch bei schwierigen Themen eine gemeinsame Basis finden.

Was wäre die Alternative?
Die Alternative zum Argument ist der Streit. Und der soll ja gerade vermieden werden. Eine andere Alternative gibt es leider nicht. So mühsam der Prozess auch ist: 4000 Jahre Zivilisationsgeschichte haben gezeigt, dass es besser ist, miteinander zu reden, als sich die Keule über den Kopf zu ziehen.

Und weiter?

Wiederholen Sie bei jedem neuen Argument dieses Muster. Erst Ihre Kernbotschaft senden (Aussagen voranstellen), danach Ihrem Gegenüber Wohlwollen signalisieren (Akzeptanz zeigen) und dann erst in das Gespräch einsteigen (Argumente einbringen). Ihre Kernaussage behalten Sie einfach bei. Je öfter Sie diese anwenden, desto besser. Dann bleibt sie sicherlich bei Ihrem Gegenüberhängen. Halten Sie dies so lange durch, wie Sie sich damit wohlfühlen. Mindestens drei Runden sollten Sie durchhalten, das heißt dass Sie Ihre Kernbotschaft dreimal beim Gesprächspartner platzieren. Danach kann ein starres Festhalten an der Kernbotschaft auch als aggressiv empfunden werden. Meist werden Sie oder Ihr Gegenüber aber früher aufgeben. Ihr Gegenüber, weil es merkt, dass es bei Ihnen nicht weiterkommt – Sie, weil sie selbst merken, dass es keinen Sinn mehr macht, weiter zu argumentieren. Manchmal kann es aber auch angebracht sein, das System länger beizubehalten. Entweder wenn die Situation sehr angespannt ist, dann haben Sie was zum Festhalten, oder wenn es sehr humorvoll zugeht, dann können Sie ganz bewusst immer wieder diesen Ablauf beibehalten, irgendwann werden alle lachen müssen. Dann dürfen Sie das System auch gerne erklären.

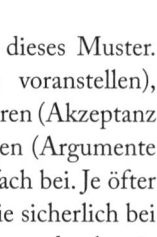

Denken Sie daran, dass Sie die Verblendeten und renitenten Störer eh nicht erreichen können. Diese Personen lassen zum einen nicht locker, zum anderen sind sie in der jeweiligen Thematik auch gut bewandert. In diesen Fällen ist es nicht Ihr Ziel, den anderen zu überzeugen, sondern dagegenzuhalten, um eventuellen dritten Zuhörern ein Zeichen zu setzen. Sehen Sie solche Gespräche sportlich und nutzen Sie diese als Training. Sie können von diesen Personen eine Menge lernen.

„Ich habe mich auch schon gefragt, warum das Thema immer wieder hochkocht. Bei diesem Thema frage ich mich immer wieder, warum die Amerikaner eigentlich wollen, dass wir alle unfruchtbar werden. Ich persönlich glaube ja, dass es für die Kondensstreifen eine einfachere Erklärung gibt."

„Die Kondensstreifen zeigen doch, dass es da nicht mit rechten Dingen zugehen kann. Das werden doch immer mehr."

„Wie gesagt, Kondensstreifen entstehen durch die Abgase von Flugzeugen. Ich sehe auch, dass es immer mehr werden. Das liegt ganz einfach daran, dass es auch immer mehr Flugzeuge gibt."

„Aber im Internet zeigen die doch die komischen Formen der Kondensstreifen, früher war das nicht so."

„Stimmt, Kondensstreifen sind die Abgasfahnen der Flugzeuge. Und auch richtig, dass es früher anders war. Jetzt haben wir ja auch mehr und modernere Flugzeuge, da ist es ganz natürlich, dass sich da was verändert."

„Aber im Internet wird das doch auch immer wieder thematisiert . . ."

Und so weiter und so fort. An diesem Beispiel können Sie sehr schön sehen, dass Geduld gefragt ist. Nehmen Sie sich die Zeit und denken Sie daran: Sie können es besser als Ihr Gegenüber! Mit diesem System haben Sie eine Richtschnur, an die Sie sich in schwierigen Situationen halten können. Befolgen Sie das System genauso wie beschrieben. Es wird Ihnen helfen, ruhig und gelassen auch den größten Schwachsinn zu ertragen. Dieses System können Sie trainieren, je öfter, desto besser. Ob zu Hause: „Wer räumt den Geschirrspüler aus?", auf der Arbeit: „Wer übernimmt das Projekt?" oder in der Freizeit: „Wer fährt beim nächsten Mal?", das System kann man sich glücklicherweise leicht merken und es ist vielseitig anzuwenden. Üben Sie es so oft wie möglich.

5.2 Das Gespräch abbrechen:
Mit der Triple-A-Methode aus der Falle entkommen.

„Wenn Du in China in ein Krankenhaus kommst, musst du aufpassen, dass die nicht Deine Organe klauen und verscherbeln. Besonders Organe von Europäern sind sehr begehrt."

„Im Nachbardorf haben die in der letzten Nacht alle Scheibenwischer von den Autos geklaut. Das sind bestimmt wieder rumänische Diebesbanden."

„Das war in den Nachrichten bei Facebook. Da hat eine Frau eine Yucca-Palme gekauft und wurde von einer hochgiftigen Spinne gebissen."

Die meisten Fake News und Verschwörungstheorien sind so haarsträubend gestrickt, dass Sie schnell ein oder zwei Gegenargumente parat haben. Es kann aber auch passieren, dass die konkrete Geschichte so gut mit Details unterfüttert ist, dass Sie erst einmal gar nicht reagieren können. Dies ist vor allem dann der Fall, wenn professionell gemachte Internet-Fakes vorgestellt werden. Gerne wird dies mit einem Bild oder einem scheinbar echten Dokument auf WhatsApp oder Facebook unterlegt. Hier dagegenzuhalten und auf die unsichere Quelle hinzuweisen, funktioniert leider nicht, auf jeden Fall nicht auf einfachem Wege. Hier hilft eine andere Argumentationsweise. Im Gegensatz zum vorherigen Ansatz ist es in diesem System nicht das Ziel, ins Gespräch zu kommen, sondern es abzuwürgen und auf später zu vertagen. Dieses Ziel können Sie auch verfolgen, wenn Sie einfach nicht die Energie oder die Zeit haben, auf Ihr Gegenüber zu reagieren.

Schritt 1: Anerkennung vermitteln

An erster Stelle steht die Anerkennung des Gegenübers. Dabei ist es besonders wichtig, sehr allgemein zu bleiben und nicht auf die Aussage einzugehen. Wie schon öfter betont, dürfen Sie Ihr Gegenüber in keiner Weise in seiner Meinung bestärken. Ansonsten bleibt nur die Zustimmung im Gedächtnis hängen und nicht Ihre Gegenargumentation. Beispiele für solche Zustimmungssätze sind:

„Ich kann gut verstehen, dass man an dieser Stelle einfache Antworten sucht. Ich glaube aber, dass es oft sehr schwer ist, die Wahrheit dahinter zu entdecken."

„Das habe ich mich auch schon in anderen Zusammenhängen gefragt und festgestellt, dass es dazu keine einfachen Lösungen gibt."

„Das ist ein schönes Thema, das wird uns sicherlich noch lange beschäftigen."

„Ja, das Leben ist schon sehr kompliziert, da fällt es schwer, den Überblick zu behalten."

Das Hauptproblem ist, an dieser Stelle keine boshaften Spitzen zu liefern, das heißt den anderen nicht zu beleidigen. Ein gutes Beispiel ist dafür die letzte Aussage. Indirekt sagt diese auch, dass mein Gegenüber mit der Komplexität des Lebens überfordert ist. Machen Sie sich hier aber auch nicht allzu viele Gedanken. Jede Aussage kann man ins Negative verkehren. Wichtig ist nur, wie man etwas sagt und mit welcher Haltung.

Wenn Sie eine positive Haltung einnehmen und Ihre Stimme entsprechend anpassen, können Sie auch die schlimmsten Vorwürfe nett verpacken. Nutzen Sie die Tipps vom vorherigen Kapitel: lächeln, in die Augen sehen, offene Körperhaltung, zugewandte Haltung etc. Der Samurai Miyamoto Musashi sagte dazu: „Man gehe aufrecht, weder mit gesenktem, noch mit zum Himmel gestrecktem Kopf ... Man senke die Schultern, strecke das Rückgrat, kneife das Gesäß zusammen, spanne Beine und Bauch an, damit man nicht in der Hüfte nach vorn knickt." Eine gute Haltung hilft, im Kampf zu bestehen.

Warum zuerst die Anerkennung vermitteln?

Es ist wichtig, zuerst Anerkennung zu vermitteln, denn, wie unsere Bundeskanzlerin betont: „Man muss die Dinge vom Ende her denken". Das Ziel in dieser Situation ist es nicht, in die Diskussion zu kommen, sondern das Gespräch zu beenden bzw. zu vertagen. Indem Sie an dieser Stelle Anerkennung vermitteln, bereiten Sie dieses Ziel vor. Sie versuchen Ihr Gegenüber nicht in seiner Sichtweise zu bestärken, sondern ihm zu zeigen, dass Sie es ernst nehmen, auch wenn Sie seine

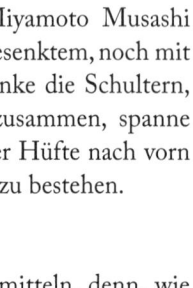

Das berühmte Vier-Ohren-Modell der Kommunikationsforschung (wenn Sie dieses Modell nicht kennen, einfach mal im Internet suchen) sagt, dass das gesprochene Wort nur einen kleinen Teil der zwischenmenschlichen Kommunikation ausmacht. Nach Friedemann Schulz von Thun besitzt jede Nachricht vier Aspekte oder Ebenen: Sachinhalt, Selbstoffenbarung, Beziehung und Appell. Störungen und Konflikte kommen zustande, wenn Sender und Empfänger die vier Ebenen unterschiedlich deuten und gewichten. Von Thun verwendet das Beispiel „Paar im Auto". Die Frau sitzt am Steuer und der Mann sagt: „Die Ampel ist grün!" Die Frau antwortet: „Fährst du oder fahre ich?" Im Umkehrschluss bedeutet dies, dass ich die unbewusste Ebene relativ leicht mit meiner Stimme und meiner Körperhaltung beeinflussen kann.

Meinung nicht teilen. Fake News-Vertreter wünschen sich in allererster Linie Anerkennung. Geben Sie diese gleich zu Beginn, ist Ihr Gegenüber (hoffentlich) offener, sich auf eine Vertagung des Gesprächs einzulassen.

Was wäre die Alternative?
Die Alternative wäre natürlich, genau wie im ersten System mit der Kernaussage zu beginnen. Dies kann aber dazu führen, dass Sie ein Gespräch beginnen, welches Sie gar nicht führen können oder möchten. Mit Ihrer Kernaussage signalisieren Sie, dass auch Sie sich in diesem Thema auskennen und „gerne" darüber diskutieren möchten. An dieser Stelle möchten Sie aber genau dies nicht zeigen.

Schritt 2: Allgemein Fragen

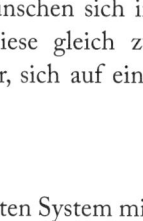

Im nächsten Schritt wird eine allgemeine Frage eingestreut. Sie wollen schließlich nicht das Gespräch abrupt abbrechen, sondern mit System in eine bestimmte Richtung lenken. Mit einer allgemeinen Frage bleibt man höflich, aber distanziert. Sie können damit Ihrem Gegenüber zeigen, dass Sie es als Mensch schätzen, jetzt aber nicht über das Thema reden möchten. Wie im vorherigen Kapitel beschrieben, gibt es offene und geschlossene Fragen. Hier benötigen Sie eine offene Frage, das heißt eine Frage, die sich nicht einfach mit Ja oder Nein beantworten lässt. Beispiele hierfür sind:

Wo haben Sie denn Ihre Informationen her?

Wer ist denn Ihrer Meinung nach dabei involviert?

Ist das eine Einzelmeinung oder gibt es da ein breites Bündnis?

Gibt es dazu auch Gegenstimmen?

Die Gefahr bei diesem Vorgehen liegt darin, dass Sie mit einer offenen Frage einen Redeschwall Ihres Gesprächspartners provozieren. Es gibt leider Menschen, die subtile Zeichen nicht deuten können und jedes nette Wort sofort als Einladung sehen. Sie werden sicherlich solche Menschen auch in Ihrem Bekanntenkreis haben. An dieser Stelle müssen Sie aber Ihrem Gegenüber die Zeit zugestehen, die Frage zu beantworten. Leider kann das je nach Redner etwas dauern. Entscheiden Sie selbst, wieviel Zeit Sie investieren wollen. Je enger Sie mit der Person befreundet oder verwandt sind, desto mehr Zeit sollten Sie geben. Hüten Sie sich aber davor, in die Argumentation einzusteigen. Auch wenn es reizt, ein Argument anzubringen, Sie sind dann sofort im Gespräch und kommen nur noch sehr schwer wieder heraus. Sagen Sie stattdessen deutlich „Stopp", wenn es zu viel wird. Notfalls müssen Sie auch mal mitten im Satz unterbrechen.

Warum die Frage?
Das Ziel dieser Frage ist es, Interesse zu signalisieren. Und zwar nicht am Thema, sondern vielmehr wieder an der Person Ihres Gegenübers. Die Wertschätzung wurde zwar schon mit dem ersten Satz gesendet, da Ihr Gegenüber aber viele Emotionen mitbringt, hilft es ungemein, noch einmal ein klares Signal zu senden. Mit der Frage schaffen Sie es, Ihr Gegenüber darin zu bestärken, dass Sie es ernst nehmen.

Denken Sie auch wieder an Ihr Ziel. Sie wollen eine Diskussion vermeiden. Da hört sich eine Frage an dieser Stelle kontraproduktiv an. Für Ihr Gegenüber ist es aber wichtig, sein Thema loszuwerden, „das, was ihm auf der Seele brennt". In vielen Fällen reicht es schon aus, diese Möglichkeit zu geben. Wenn Sie dann das Thema vertagen, haben Sie später noch die Möglichkeit, die eigene Sichtweise einzubringen.

Was wäre die Alternative?
Eine Möglichkeit wäre es, gleich das Gespräch abzublocken. Das können Sie natürlich machen, wenn Sie überhaupt kein Interesse an der Person haben. Meist ist das aber gar nicht so

einfach. Fake News-Vertreter wollen ja gehört werden und sind in der Regel keine einfachen Menschen. Diese Personen sind darin trainiert, mit Ablehnung umzugehen. Da müssen Sie schwere Geschütze auffahren, wenn Sie sie loswerden wollen. Sie kennen sicherlich die Situationen, wo man sich endlich losreißen konnte, aber das ungute Gefühl mitgenommen hat, dass der andere gewonnen hat. Dieses Gefühl können Sie mit diesem System vermeiden.

Eine andere Möglichkeit wäre, erst einmal Interesse zu zeigen und anzuhören, was der andere zu sagen hat. Das Problem dabei: Das kann dauern. Eröffnen Sie erst einmal die Möglichkeit, landen Sie schnell in einem Wust unterschiedlicher Verschwörungstheorien, aus denen Sie sich nur schwer wieder herauswinden können (zu den Taktiken der Fake News-Verfechter mehr im nächsten Kapitel). Außerdem müssen Sie zwangsläufig irgendwann Stellung beziehen, den größten Schwachsinn können Sie nicht unkommentiert stehen lassen. Dann sind Sie aber plötzlich im Gespräch, welches sich ja nicht gewinnen lässt – ein Teufelskreis.

Versuchen Sie deshalb lieber, auf einer allgemeinen Ebene zu bleiben. Damit haben Sie die größten Chancen, aus diesem Gespräch relativ schnell wieder herauszukommen. Zeigen Sie dabei auch mit Ihrer Körpersprache, dass Sie das Gespräch nicht vertiefen wollen. Den Blick irgendwo anders hinrichten, den Körper vom Gegenüber wegdrehen, jemand anderen begrüßen. Es gibt hier viele Möglichkeiten, nutzen Sie diese bewusst.

Schritt 3: Auf später vertagen

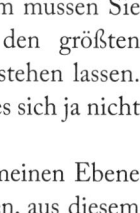

Im letzten Schritt kommen Sie dazu, Ihr eigentliches Ziel zu erreichen: das Gespräch zu beenden bzw. auf später zu vertagen. Ob Sie dann später überhaupt noch mal darüber reden wollen, können Sie dann selbst entscheiden. Wesentlich ist, dass Sie dann wieder die Initiative haben. Gute Vertagungssprüche sind:

„Vielschichtiges Thema, leider muss ich mich da erst einmal schlau machen. Wir können unser Gespräch aber gerne später mal fortsetzen."

„Bestimmt hochinteressant, jetzt fehlt mir aber die Zeit dazu. Ich komme aber später noch mal darauf zurück."

„Das ist mir alles noch zu oberflächlch. Geben Sie mir etwas Zeit, ich komme noch mal zu Ihnen."

Sie selbst werden bestimmt auch schon ein Repertoire an Sprüchen haben, welche Sie gerne nutzen. Als Problem kann entstehen, dass Ihr Gegenüber nicht auf Ihr Gesprächsende reagiert, sondern einfach weiterredet. Da gibt es leider auch sehr hartnäckige Fälle. Hier müssen Sie standhaft bleiben, so unhöflich es auch zu sein scheint. Wiederholen Sie mit Nachdruck Ihren Satz. Sagen Sie auch mal „Stopp". Zeigen Sie mit Ihrer Körpersprache deutlich, dass Sie das Gespräch nicht fortsetzen wollen. Notfalls wiederholen Sie Ihren Satz auch ein drittes oder viertes Mal– mit Nachdruck, aber möglichst, ohne laut zu werden. Und bleiben Sie dabei ruhig. Denken Sie daran, dass Ihr Gesprächspartner voller Emotionen ist, die Sie runterkühlen müssen.

Wenn Ihr Gegenüber einlenkt, bedanken Sie sich einfach und wenden Sie sich ab oder wechseln Sie das Thema. Senden Sie keine Signale, dass es doch noch möglich ist, mit Ihnen weiter zu diskutieren. Viele Menschen schaffen es in dieser Situation nicht, klare Signale zu setzen. Wenn Sie hierbei Probleme haben, üben Sie mit Ihren Freunden. Nein zu sagen ist nicht so einfach.

Warum vertagen?
Indem ein späteres Gespräch offengehalten wird, bieten Sie dem Gegenüber eine Chance, sein Thema eventuell noch mal anzubringen. Die Person wird dann eher bereit sein, auf einen zusätzlichen Redeschwall zu verzichten. Schließlich kann sie ja

zu einem späteren Zeitpunkt noch mal darauf zurückkommen. In der Zwischenzeit haben Sie dann die Gelegenheit, sich vorzubereiten – oder auch zu verschwinden. Nicht immer müssen Sie sich gewisse Gespräche antun. Aber wenigstens haben Sie Ihren Gesprächspartner nicht völlig vor den Kopf gestoßen.

Was wäre die Alternative?
Wie bereits gezeigt, wäre die Alternative, das Gespräch an dieser Stelle abzubrechen. Doch gelingt dies in den meisten Fällen nur schwer. Fake News-Vertreter wollen ihre Emotionen loswerden. Um sie zu bremsen, ist ein System nötig. Und was auch nicht zu vergessen ist: In vielen Fällen gibt es ja auch Zuhörer. In Kapitel 2 wurde bereits beschrieben, dass die Verbohrten eh nicht zu erreichen sind. Sie können aber die Unentschlossenen durch ein gutes Auftreten auf Ihre Seite ziehen. Die Zuhörer sind dann Verbündete. Das zählt schon viel.

Zusammenfassung
Das hier vorgestellte „Abwehr-System" wurde über viele Jahre und in vielen Seminaren erprobt. Es hat sich als einfach und wirkungsvoll erwiesen. Halten Sie auch hier wieder den Ablauf ein. Erst Anerkennung zeigen, dann allgemeine Fragen stellen und zuletzt das Gespräch auf später vertagen. Sie haben damit auch für sich wieder eine Richtschnur, an der Sie sich in schwierigen Situationen entlanghangeln können. Mit diesem Ablauf haben Sie die Chance, gut aus schwierigen Gesprächen herauszukommen, nicht immer – aber in den meisten Fällen.

5.3 Selbst aktiv werden:
Mit der Triple-A-Methode die
Initiative gewinnen.

„Ich möchte eigentlich nicht wieder damit anfangen, aber das, was Du das letzte Mal von Dir gegeben hast, war rassistisch und einfach nur unter aller Sau."

„Was erlaubst Du Dir, solange du deine Füße unter meinen Tisch stellst . . ."

Gerade vor unangenehmen Gesprächen drücken wir uns gerne. Und sind hinterher dann meist überrascht, dass diese gar nicht so schlimm waren wie befürchtet (wenn mit System vorgegangen wurde). Auch hier gibt es ein paar Tipps und Tricks, wie Sie sich vorbereiten können. Der folgende Ablauf eignet sich besonders gut, wenn Sie sich schon auf ein Gegenüber einstellen konnten. Sei es, dass Sie bereits ein vorheriges Gespräch vertagen konnten oder, noch einfacher, weil Sie die Person schon zur Genüge kennengelernt haben. Tante Frieda bringt ihre Lieblingsthemen sowieso auf jeder Familienfeier an, da können Sie sich auch darauf vorbereiten.

Und auch hier wieder zum x-ten Mal die Warnung: Wenden Sie das System nur bei denjenigen an, die noch offen für Argumente sind. Die Verbohrten können Sie einfach nicht mit Argumenten erreichen. Da hilft es manchmal wirklich nur noch, sie zu ignorieren oder deutliche Stoppsignale zu setzen.

Schritt 1: Anfangen
In der Vorbereitung zu diesen Argumentationssystemen wurde schon über die richtige Einstellung geschrieben. Für den Gesprächseinstieg gibt es aber noch weitere Möglichkeiten, gleich zu Beginn einen positiven Eindruck zu hinterlassen. Auch hier können Sie eine einfache

Hilfsregel formulieren: die „BOA"-Regel. Ziel hierbei ist es, einen positiven Eindruck in den ersten drei Sekunden zu hinterlassen.

B – Beobachten, Blickkontakt aufnehmen, begrüßen: Ein freundlicher Gruß, ein kurzes Kopfnicken, ein „Hallo" oder „Guten Tag!" signalisieren Gesprächsbereitschaft und sind die Basis jeden Gesprächs. Die Begrüßungsformel sollte den Umständen angemessen sein. Im Familienkreis lautet sie natürlich anders, als wenn Sie Fremde begrüßen. Wichtig sind ein offener Blick und vor allen Dingen ein freundliches Lächeln, um die Freude und das Interesse an der Begegnung zu unterstreichen.

O – Offene Körperhaltung, offene Körpersprache: Wie bereits mehrmals beschrieben, besteht Kommunikation nicht nur aus Sprache. Das meiste findet unbewusst statt, wird aber vom Gegenüber registriert. Eine offene, gerade Körperhaltung, offene Handflächen und eine zugeneigte Haltung unterstreichen den Wunsch nach Kommunikation und geben Ihrem Gegenüber das Gefühl, als Mensch ernst genommen zu werden.

A – Ansprechen: Jetzt wird das eigentliche Thema des Gesprächs angeschnitten. Schließlich will Ihr Gegenüber wissen, worum es geht. Es bietet sich an, auch hier wieder im Allgemeinen zu bleiben und noch nicht auf einzelne Aspekte einzugehen. An dieser Stelle steht erst einmal noch der Gesprächseinstieg im Vordergrund. Gute Einstiegssätze wären:

„Du hattest doch das letzte Mal das Thema XYZ angeschnitten."

„Ich habe gehört, Sie haben über XYZ gesprochen."

„Das Thema war…, richtig?"

| Beobachten | Offene Körperhaltung | Ansprechen |

Damit ist erst einmal klar, worum es geht, und Ihr Gesprächspartner kann sich darauf innerlich einstellen.

Warum dieser Ablauf?
In den ersten drei Sekunden wird festgelegt, wie Sie als Person
wahrgenommen werden, der berühmte „erste Eindruck". Wir
alle sortieren unbewusst Menschen in bestimmte Kategorien
ein. Ein Mensch, der einen Anzug trägt, wird anders wahrgenommen als jemand im Kapuzenpullover. Jemand mit einer
offenen Körperhaltung hinterlässt einen anderen Eindruck als
einer, der verschlossen ist. Den ersten Eindruck zu korrigieren
ist wiederrum ein schwieriger Prozess.

Im Wesentlichen bietet die BOA-Regel eine Stütze, um
einen guten Gesprächseinstieg zu schaffen. Dieser sehr einfache
Ablauf dient dazu, sich selbst daran zu erinnern, wie Sie sympathisch wahrgenommen werden können. Einzelne Dinge
machen Sie automatisch. Aber es gibt auch viele Menschen, die
einem zu Beginn nicht in die Augen schauen und damit jedes
Gespräch schwierig bis unmöglich machen.

Es wird empfohlen, sich für diese ersten Schritte ausreichend Zeit zu lassen. Geben Sie Ihrem Gegenüber die Zeit, sie
kennenzulernen. Im Gesprächseinstieg wird Ihr Gegenüber an
dieser Stelle noch vollkommen damit beschäftigt sein, sich zu

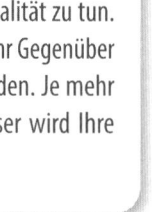

Warnung: An dieser Stelle gibt es Stimmen, die solche Regeln
ablehnen: „Ich will mich nicht verkaufen, ich will ich bleiben." Eine
wahre Aussage, diese hat aber nur wenig mit der Realität zu tun.
Zur Kommunikation gehören immer zwei, das heißt Ihr Gegenüber
hat auch das Recht, angemessen behandelt zu werden. Je mehr
Sie auf seine Person eingehen können, desto besser wird Ihre
Kommunikation laufen.

sortieren und Sie und Ihr Anliegen einzuordnen. Selbst wenn Sie sich schon lange kennen, braucht Ihr Gegenüber Zeit, sich auf das Thema zu konzentrieren.

Was wäre die Alternative?
Das Gegenteil von diesem Vorgehen wäre es, gleich einen Redeschwall über den Partner zu ergießen und zu hoffen, dass davon etwas hängen bleibt. Das hat aber noch nie funktioniert. Selbst die besten und einfachsten Argumente wird Ihr Gegenüber gar nicht wahrnehmen können, weil es erst einmal Zeit braucht, um das Thema zu erfassen. Leider wird in vielen Fällen vor lauter Aufregung genau dieses Prinzip verfolgt, vor allem wenn das Thema hochemotional besetzt ist. Malen Sie sich selbst aus, was wahrscheinlich passieren wird.

Schritt 2: Anerkennung
Nicht verwunderlich, es findet sich auch in diesem System der Punkt „Anerkennung" wieder. Man kann es nicht oft genug betonen. Die Wertschätzung des Gegenübers kostet nicht viel und macht einfach vieles leichter. Auch hier sollen Sie wieder möglichst allgemein bleiben. Ein Bezug zum Thema ist erlaubt, aber bringen Sie noch kein Argument ein. Wichtiger ist es hier, die Anerkennung als „Türöffner" zu sehen – als Instrument, mit dem Sie die Gesprächsbereitschaft fördern. Gute Beispiele sind:

„Ich habe länger darüber nachgedacht, was Du das letzte Mal gesagt hast."

„Das Thema ging mir nicht mehr aus dem Kopf, deshalb wollte ich mich dazu noch mal mit Dir austauschen."

„Zu diesem Thema sind bei mir auch schon ganz viele Fragen entstanden."

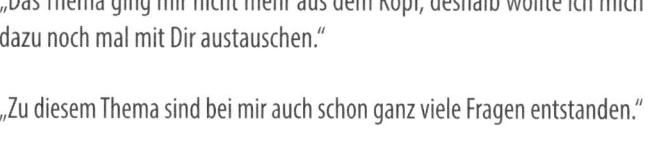

Suchen Sie sich einfach wieder Ihren Lieblingssatz aus. Was Sie vermeiden sollten, sind Formulierungen wie: „Du als Experte …" oder „Du weißt doch viel darüber, wie siehst du die Sache ...?" Zwar wurde im zweiten Kapitel gezeigt, dass Menschen offener gegenüber anderen Positionen sind, wenn sie als Experte angesprochen werden, aber in dieser Situation muss davon abgeraten werden. Erfahrungen zeigen, dass die Angesprochenen sich dann in ihrer Meinung bestärkt sehen und gar nicht mehr aufhören zu reden.

Warum schon wieder Anerkennung?
Ganz einfach: weil auch hier wieder Wertschätzung gefragt ist. Ihr Gegenüber soll motiviert werden, Ihre Argumente anzuhören und ernst zu nehmen. Dies kann nur gelingen, wenn die Person offen ist und Sie einen sympathischen Eindruck machen. Oder mal ernsthaft: Mit wem würden Sie lieber reden?

Was wäre die Alternative?
Die Alternative wäre natürlich, diesen Punkt wegzulassen und gleich in die Argumentation einzusteigen. Damit provozieren Sie aber Widerspruch bei Ihrem Gesprächspartner. Zum einen wird er sich im wahrsten Sinne des Wortes überrannt fühlen, zum anderen werden Ihre besten Argumente gar nicht gehört. Wie oben bereits beschrieben, braucht Ihr Gegenüber Zeit, Sie und Ihr Thema einzuschätzen. Selbst wenn es sich dabei um nahe Verwandte oder langjährige Freunde handelt, werden verschiedene Fragen unbewusst im Hinterkopf herumgeistern: „Was genau will er von mir?", „Steht er mir in der Sache positiv oder negativ gegenüber?", „In welcher Stimmung ist er gerade?". Diese Fragen verhindern die Konzentration. Gönnen Sie also Ihren Mitmenschen etwas Zeit.

Schritt 3: Argumente aufbauen/Allgemeine Frage
Nachdem Sie sich vorgestellt haben und Ihrem Gegenüber Wertschätzung entgegengebracht haben, können Sie zu Ihrem eigentlichen Anliegen kommen. Für die Strukturierung eines Gesprächs wurde im vorherigen Kapitel schon einiges beschrieben.

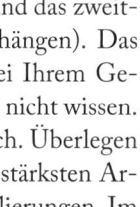

Nutzen Sie nicht mehr als drei Argumente, mehr kann sich eh kein Mensch merken. Wandeln Sie ggf. Ihre Argumente ab, anstatt neue zu bringen. Eine Wiederholung ist auf jeden Fall besser, als noch das zehnte Argument hervorzuholen. Sie dürfen getrost davon ausgehen, dass Ihr Gegenüber (wenn überhaupt) nur einen Ihrer Punkte im Gedächtnis behalten wird. Wenn Sie Zeit für die Vorbereitung haben, bauen Sie Ihre Argumente in einer Reihenfolge auf: Das schwächste zuerst (merkt sich eh keiner), das stärkste in die Mitte (bleibt hängen) und das zweitstärkste am Schluss (bleibt mit dem stärksten hängen). Das Problem dabei ist nur: Welches Argument ist bei Ihrem Gegenüber das stärkste? Das können Sie in der Regel nicht wissen. An dieser Stelle also der Rat: Entspannen Sie sich. Überlegen Sie sich im Vorfeld die drei Ihrer Meinung nach stärksten Argumente und dann suchen Sie lieber gute Formulierungen. Im Endeffekt erreichen Sie damit mehr.

Sie können an dieser Stelle auch Ihren Partner noch zu Wort kommen lassen. Einige Menschen möchten sich für die Anerkennung bedanken. Dies ist auch wieder ein automatischer Reflex, den wir alle haben. Je nachdem wie Ihre Gesprächspartner auf Ihre ersten Sätze reagieren, können Sie sich also entscheiden, ein bisschen Smalltalk einfließen zu lassen.

Nutzen Sie auch die Chance, die eine gekonnte Frage-stellung bietet. Mit einer Frage erleichtern Sie es Ihrem Gegenüber, mit Ihnen ins Gespräch zu kommen bzw. im Gespräch zu bleiben. So können Sie nach Ihrem ersten Argument folgende Fragen einbauen.

„Sehen Sie dies auch so?"

„Was sagen Sie zu diesem Aspekt?"

„Sie haben doch ähnlich argumentiert, richtig?"

Nicht umsonst heißt es, wer fragt, der führt. Ziel dieser Fragen ist auch wieder eine Wertschätzung der Person. Je länger Sie im Gespräch sind, desto konkreter dürfen Ihre Fragen werden. Aber geben Sie Ihrem Gegenüber Raum. Sie führen ein Gespräch, keinen Streit. Versuchen Sie also eher im Gespräch zu bleiben, als recht zu behalten. Ein schöner Satz aus der internationalen Diplomatie lautet: „We agree to disagree", oder auf Deutsch: „Wir sind uns einig, dass wir uns hier uneinig sind".

Versuchen Sie schlussendlich noch, Ihr Gespräch entspannt und mit Humor zu Ende zu führen. Natürlich ist das schwer, vor allem wenn die Emotionen hochkochen und Ihr Gesprächspartner einer von der renitenten Sorte ist. Es kann helfen, sich vorher eine Kernaussage (siehe Kapitel 5.1) vorzubereiten, auf die man sich als Rückfalloption immer wieder zurückziehen kann. Beispiele:

„Wir sind uns aber einig, dass die Nazis schlimm waren und Deutschland eine Kriegsschuld zu tragen hat, oder?"

„Dass aber nicht alle Ausländer Kriminelle sind, haben wir ja schon festgestellt."

„Dass Facebook keine seriöse Nachrichtenquelle ist, da waren wir uns aber einig, richtig?"

In vielen Fällen hat man schon genug damit zu tun, nur solche Grundlagen sicherzustellen. Aber unterschätzen Sie nicht die Wirkung einer dauernden Wiederholung. Hier können Sie den Gesprächspartner festnageln und ihn notfalls wieder zurückholen, wenn es gar zu schlimm wird. Und ein weiterer Effekt: Sie werden feststellen, dass sich Ihr Partner in späteren Gesprächen an diese Aussagen erinnern wird. Etwas bleibt halt doch hängen. Und für einige Gespräche ist ein solches Ergebnis schon ein großer Erfolg.

5.4 Und weiter? Üben, Üben, Üben

Ein Fazit an dieser Stelle zu ziehen ist eigentlich ganz einfach: Üben, üben, üben. Die vorgestellten Abläufe müssen Sie verinnerlichen. Diese dienen Ihnen als Stütze und Leitfaden. Fangen Sie ganz einfach an und denken Sie an Situationen, die Sie bereits erlebt haben. Dann überlegen Sie, bei welcher Gelegenheit Sie wahrscheinlich wieder auf das Thema stoßen. Meist ist das ganz einfach, es sind immer dieselben Personen. Im dritten Schritt können Sie sich jetzt mit der Dreierregel das Gespräch ausmalen. Je öfter Sie sich in Gedanken einen idealen Ablauf vorstellen, desto einfach wird es 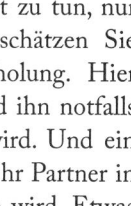 Ihnen fallen, die Regeln auch im direkten Gespräch anzuwenden.

Sie können zum Üben auch im Alltag mit einfachen Themen die Regeln ausprobieren: „In welches Restaurant gehen wir heute?", „Was wollen wir heute Abend essen?", „Fahren wir zu meinen oder deinen Eltern?". Wenn Ihr Partner oder Ihre Partnerin komisch guckt, können Sie den Sinn Ihrer Gesprächsführung immer noch erklären. Sie werden aber merken, je öfter Sie das System anwenden, desto leichter wird es Ihnen fallen, es anzuwenden – is es Ihnen in Fleisch und Blut übergegangen ist und Sie gar nicht mehr darüber nachdenken müssen.

Und freuen Sie sich über jeden Erfolg. Jedes Gespräch über Fake News, welches Sie mit einem guten Gefühl abhaken können, ist ein Erfolg. Sehen Sie das als Ihr primäres Ziel an. Und irgendwann werden auch Sie den Satz erleben: "Ich habe noch mal darüber nachgedacht, Du hattest recht mit dem, was Du gesagt hattest." Dann machen Sie ein Kreuz in Ihren Kalender!

5.5 Bonustrack: Der elegante Gesprächsausstieg

„Jetzt haben wir schon so lange geredet, lass uns mal Schluss machen."

„Ja, Du hast ja recht, aber einen Punkt will ich noch loswerden. Wir haben gar nicht über den Iran und seine Atomwaffen geredet."

„Was hat das denn jetzt mit unserem Thema zu tun?"

„Siehst Du, Du hast es immer noch nicht verstanden, also . . ."

Ein Gespräch abzubrechen ist eigentlich eine einfache Übung. Dazu müssen Sie sich nur umdrehen und weggehen. Leider funktioniert das nur in seltenen Fällen und Sie erreichen damit auch nichts.

Wenn Sie die Lust verlieren oder sich das Gespräch einfach erschöpft hat, können Sie mit dem richtigen Abschluss einen bleibenden Eindruck hinterlassen. Im wahrsten Sinne des Wortes, denn haften bleiben sollen auch hier wieder die Kernaussage bzw. die Ergebnisse des Gesprächs. An dieser Stelle besteht dementsprechend die Möglichkeit, nochmal die eigene Sichtweise beim Gegenüber zu verankern und, vielleicht sogar noch wichtiger, einen sympathischen Eindruck zu hinterlassen.

DZK-Regel zum Abbrechen von Gesprächen

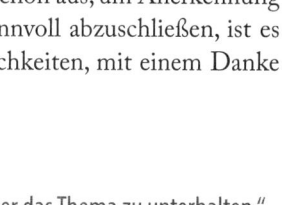

Auch für einen gelungenen Gesprächsausstieg gibt es wieder eine richtige Technik. Als Dreierregel kann man sich diese als „DZK"-Regel merken (Danke, Zusammenfassen, Kernaussage). Auch hier steht wieder die Wertschätzung und Anerkennung der anderen Person im Vordergrund.

Schritt 1: Danke sagen

Ein einfaches Mittel, um sich in ein gutes Licht zu rücken, ist es, einfach mal Danke zu sagen, es kostet nichts und tut nicht weh. Nur leider wird dies oft vergessen. Dabei reicht ein schlichtes „Danke" in vielen Fällen schon aus, um Anerkennung auszudrücken. Um ein Gespräch sinnvoll abzuschließen, ist es deshalb eine der einfachsten Möglichkeiten, mit einem Danke zu beginnen.

„Ich danke Ihnen für das Gespräch."

„Es hat mich sehr gefreut, mich mit Dir über das Thema zu unterhalten."

„Vielen Dank für die Informationen."

Mit diesen einleitenden Sätzen können Sie auch gleichzeitig signalisieren, dass das Gespräch jetzt zu Ende ist. Nutzen Sie hierfür auch wieder Ihre Körpersprache. Nehmen Sie, wenn möglich, einen Abstand zu Ihrem Gesprächspartner ein. Zeigen Sie mit Ihren Händen, dass es jetzt genug ist, zum Beispiel indem sie Ihrem Gegenüber die offenen Handflächen zeigen. In ganz hartnäckigen Fällen können Sie auch Ihren Körper bewusst in eine andere Richtung drehen.

Schritt 2: Zusammenfassen

Versuchen Sie, das Gespräch in einem oder in zwei Sätzen zusammenzufassen. Meist ist das bei Fake News-Geschichten gar nicht so einfach, weil es selten eine logische Abfolge gibt. Es kommt in diesem Schritt aber auch nicht auf Genauigkeit an, schließlich sollen Sie kein Protokoll erstellen. Vielmehr signalisieren Sie Ihrem Gegenüber mit einer Zusammenfassung, dass Sie ihm zugehört haben, und, wieder einmal, gleichzeitig Anerkennung. Beispiele:

„Wir haben ja herausgefunden, dass die hohe Zahl an Flüchtlingen uns vor neue Herausforderungen stellt. Ihrem Argument, dass dies auch eine hohe Kriminalität bedeutet, kann ich persönlich nicht folgen. Ich verstehe aber Ihren Standpunkt sehr gut, dass . . . „

„Für die Annexion der Krim durch Russland gibt es sicher viele Entschuldigungen. Wir haben festgestellt, dass es russische Truppen in der Ukraine gab, gleichzeitig bleibt meine Meinung . . .“

„Ob Chemtrails wirklich existieren, haben wir nun nicht herausgefunden. Dein Argument mit den vielen Kondensstreifen an schönen Tagen ist meiner Meinung nach kein Beweis.“

„Ich finde es interessant, dass Du denkst, den Klimawandel gibt es nicht und dass die Chinesen den nur erfunden haben. Ich persönlich habe meine Meinung aber nicht geändert. Dein Argument . . .“

Wichtig ist, dass Sie an dieser Stelle keine neue Diskussionsrunde aufmachen. Fassen Sie Ihre Sichtweise zusammen und betonen Sie, dass dies Ihre persönliche Meinung ist. Dies erreichen Sie, indem Sie „Ich-Botschaften" formulieren: „Ich meine . . .", „Ich habe festgestellt . . .", „Meine Sichtweise ist . . ." etc. Mit diesem kleinen Trick können Sie vermeiden, dass Ihr Gegenüber zum Widerspruch genötigt wird. Auch dies wird nicht immer klappen. Aber falls Ihr Gesprächspartner das Fass wieder aufmachen möchte, können Sie immer noch betonen, dass es Ihre persönliche Meinung war.

Schritt 3: Kernaussage wiederholen

Zum Abschluss müssen Sie noch einmal Ihre Kernaussage formulieren. Damit stellen Sie nochmals Ihren Standpunkt deutlich heraus und signalisieren, dass alle weiteren Diskussionen keinen Sinn machen. Sie sind von Ihrer Ansicht überzeugt und alle Argumente Ihres Gegenübers haben Sie nicht umstimmen können. Mit der Kernaussage am Ende verankern Sie zusätzlich Ihre Botschaft. Ihr Ziel ist es schließlich, dass Ihr Gesprächspartner diese Aussage „mitnimmt".

„Ich bleibe dabei: Im Grundgesetz steht, alle Menschen sind vor dem Gesetz gleich. Dieses Gesetz gilt auch für Flüchtlinge."

„Wie bereits öfter betont, gibt es aus guten Gründen internationale Regeln. Werden Verträge gebrochen, muss es Sanktionen geben."

„Ich glaube immer noch nicht an die Chemtrail-Verschwörung. Kondensstreifen am Himmel entstehen durch die Abgase von Flugzeugen. Es gibt viele gute Erklärungen dafür."

„Der Klimawandel ist Realität, davon bin ich immer noch überzeugt. Da sind sich alle relevanten Forscher einig und die Auswirkungen spüren wir bereits jetzt."

Wenn Sie Ihren Abschlusssatz formulieren, betonen Sie deutlich den Punkt am Ende des Satzes. Sie können auch einfach „Punkt" sagen. Wichtig ist nur, dass Sie mit Ihrer Stimme signalisieren, dass jetzt Ende ist. Versuchen Sie nicht, noch Sätze anzuhängen (wird gerne gemacht, wenn man selbst unsicher ist). Dies führt nur dazu, dass das Gespräch noch weitergeht.

Sollte Ihr Gegenüber nach Ihren Abschlusssätzen immer noch weiterreden wollen, wiederholen Sie einfach den Ablauf noch einmal. Bedanken Sie sich, gehen Sie kurz auf die Argumente ein und schließen Sie mit Ihrer Kernaussage. Halten Sie sich auch diesmal wieder an den Ablauf. Im Extremfall hilft auch eine kleine Notlüge: „Ich muss jetzt dringend auf die Toilette/in der Küche helfen/mich mit … treffen". Fühlen Sie sich nicht schlecht dabei. Manchmal geht es einfach nicht anders.

Es gibt natürlich richtig renitente Personen, die einfach nicht lockerlassen wollen oder können. Da geht es nicht mehr um ein Gespräch auf Augenhöhe, sondern nur noch ums Rechthaben. Lassen Sie sich auf solche Spielchen nicht ein. Es nützt keinem etwas.

Kapitel 6: Tricks – und wie man darauf reagiert

6.1 Einführung

In diesem Kapitel geht es um die „Tricks", die die Verfechter von Fake News anwenden. Das Wort „Trick" ist hier mit Bedacht in Anführungszeichen gesetzt, denn in den allermeisten Fällen geschieht die Anwendung unbewusst. Nur selten trifft man auf rhetorisch gut bewanderte Menschen, die destruktive Gesprächstechniken bewusst anwenden. Dies ist natürlich bei den neuen Populisten so, aber auch bei den altbekannten Parteien der Vereinfacher und Verdreher. Wenn es immer üblicher wird, die Medien als Lügenpresse zu beschimpfen, dann steckt dahinter eine Strategie. Dies wurde im zweiten Kapitel schon ausreichend dargestellt.

Im Allgemeinen werden Sie aber auf Menschen treffen, die einfach nur das „nachplappern", was sie irgendwo gelesen oder gehört haben. Dabei werden Argumentationsstrategien und -muster einfach übernommen, ohne darüber nachzudenken. Es kann sich lohnen, diese Personen auf Ihre Techniken hinzuweisen. Meist überrascht es sie selbst. Aber erwarten Sie nicht zu viel: Die Abwehrhaltung wird trotzdem kommen, schließlich mag es keiner, auf eigene Fehler und Unzulänglichkeiten hingewiesen zu werden.

Im Wesentlichen nutzen Fake News-Vertreter zwei Bereiche der Gesprächstaktik:

- Zum einen sind das destruktive Gesprächstechniken, die dazu dienen, aus einer Diskussion als vermeintlicher Sieger hervorzugehen. Vermeintlich, weil man damit zwar einen kurzfristigen Erfolg erlangen kann, langfristig ist die Wirkung aber eher zweifelhaft. Das Motto lautet: durchsetzen statt diskutieren.

- Zum anderen werden Argumentationstechniken verwendet, die eine Behauptung mittels einfacher Begründungen unterstützen sollen. Fake News-Verfechter nutzen dabei gerne inhaltsleere Begründungen. Das beste Beispiel haben wir alle bestimmt als Kinder schon gehört: „Du machst das jetzt, weil ich es sage."

Halten Sie sich an die im vorherigen Kapitel vorgestellten Argumentationsregeln: erst einmal ruhig bleiben und die eigene Wut (über so viel Dummheit) unter Kontrolle bringen, dann die Triple-A-Methode anwenden. Mit diesen einfachen Regeln haben Sie das Wesentliche schon erreicht: Sie können elegant kontern.

6.2 Gesprächstechniken

Die im vorherigen Kapitel beschriebene Argumentationstechnik zielt auf den Austausch von Argumenten und den Erhalt der Diskussion. In Gegenzug dazu gibt es natürlich auch eine Reihe von Gegenstrategien, die genau das Gegenteil erreichen wollen. Bei diesen Strategien steht die Durchsetzung eigener Interessen und Meinungen im Vordergrund. Es ist nie verkehrt, sich auf diese Techniken vorzubereiten. Sie werden sicherlich beim Lesen einige wiedererkennen. Das Gute daran ist: Kennen Sie diese, ist es relativ leicht, mit Erfolg zu reagieren.

Hinweis: In diesem Kapitel werden verschiedene Beispiele verwendet. Die Gegentechniken folgen der Triple A-Regel. Die Beispiele sind willkürlich gewählt. In der Praxis werden Sie sicherlich das eine oder andere Beispiel wiederfinden.

Überblick Gesprächstechniken

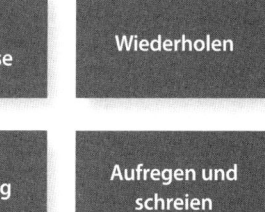

Unterstellung	Falsche Kompromisse	Wiederholen
Nichts sagen dürfen	Opferhaltung	Aufregen und schreien
Ablenken/ Themenhüpfen	Whataboutism	Verunsichern

Unterstellung

„Wir wissen ja, dass die Amerikaner alles verheimlichen. In einem Hangar auf der amerikanischen Wright-Patterson Air Force Base lebt ein Außerirdischer. Da durfte noch nie jemand rein und wir wissen auch warum."

„Also, das Gerücht ist doch schon wirklich uralt."

„Dann bist Du also dafür, dass die Amerikaner tun und lassen können, was sie wollen, und wir sollen dafür auch noch dankbar sein?"

Die falsche Unterstellung ist ein beliebter Trick, der gerade im politischen Alltag gerne angewendet wird. Dabei wird von einem Thema eine Position abgeleitet, die für die Zuhörer inakzeptabel ist. „Sie sind gegen die Schließung der Grenzen für Flüchtlinge? Dann sind Sie also dafür, dass weiterhin Hunderttausende unkontrolliert ins Land kommen, um hier terroristische Anschläge zu begehen!" Ob dabei wirklich ein kausaler Zusammenhang besteht, ist irrelevant. Wichtig ist nur, den politischen Gegner in ein schlechtes Licht zu rücken.

Der Zuhörer müsste beim Zuhören den Fehler erkennen. Das ist aber fast unmöglich, vor allem wenn die Diskussion schnell hin und her geht. Der größte Fehler in dieser Situation ist es, direkt mit vielen Worten den Fehlschluss aufklären zu wollen. Beim Zuhörer klingt das nach einer Rechtfertigung und es bleibt nur die Kernaussage des Gegners hängen. Beobachten Sie einfach mal eine Talkshow zu einem politischen Thema. Mit fast hundertprozentiger Sicherheit werden Sie diesen Trick in der nächsten Show erleben.

Im direkten Gespräch mit Fake News-Vertretern wird diese Technik gerne verwendet, um den Gesprächspartner zu irritieren. Häufig wird dann aus der Diskussion eine vermeintliche Position abgeleitet, die möglichst eindeutig absurd, falsch oder inakzeptabel ist. „Sie sind also für XY? Dann sind Sie natürlich auch für Z." Man ist dann schnell versucht, die eigene Position zu rechtfertigen. Vermeiden Sie solche Rechtfertigungsschleifen. Sie bestätigen damit den anderen nur in seiner Meinung. Die Lösung besteht vielmehr darin, ein Stoppsignal zu geben und auf den Fehlschluss hinzuweisen.

„Ich glaube nicht an das Gerücht mit den Außerirdischen. Ich finde es gut, Dinge kritisch zu hinterfragen. An dieser Stelle muss ich aber mal ganz klar Stopp sagen. Nur weil ich nicht an Verschwörungstheorien glaube, heißt das noch lange nicht, dass ich Deinen Fehlschluss mittrage."

Sollte Ihr Gegenüber weiter seine falsche Unterstellung anwenden, müssen Sie deutlicher werden. Es hat wenig Zweck, mit jemandem zu diskutieren, der Sie nur in die Enge treiben will. Setzen Sie in solchen Situationen ihr Stoppsignal an den Anfang:

„Moment, das ist eine falsche Unterstellung. Es folgt aus meinen Aussagen eben gerade nicht …"

„Halt! Sie vermischen Äpfel und Birnen. Ich bin dafür …"

Konzentrieren Sie sich dann auf Ihre Kernaussage, diese müssen Sie danach anbringen. Auf Basis Ihrer Kernaussage können Sie dann versuchen, weiter im Gespräch zu bleiben. Als Faustregel merken Sie sich: Ist die Gesprächsatmosphäre noch angenehm und lösungsorientiert, sollten Sie nicht auf den Angriff des Gegners eingehen. Ist das Gespräch hitzig und Ihr Kontrahent will nur recht haben, sollten Sie dies deutlich ansprechen und ein Stoppsignal geben.

Falsche Kompromissangebote

„Jetzt haben wir schon so lange darüber geredet, lass uns uns doch darauf einigen, dass es eine Gruppe interessierter Menschen gibt, die die Politik in Deutschland bestimmen."

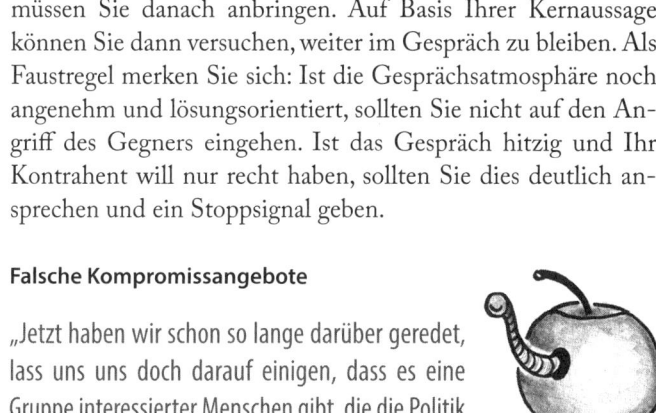

Wenn Sie schon länger intensiv diskutiert haben (auf welchem Niveau auch immer), wird einer von Ihnen versuchen, die Harmonie wiederherzustellen und eine scheinbare Einigung herzustellen. Dies kann aber auch ein Trick sein. Ein falsches Kompromissangebot dient dazu, die eigene Position zu stärken. Für den Gesprächspartner ist es sehr schwer, nicht darauf einzugehen. Und sei es auch nur, weil Erschöpfung eingetreten ist und niemand mehr Lust auf sinnlose Diskussionen hat. (Vor allem wenn ein Dritter einen Kompromissvorschlag macht, möchte keiner die Rolle des Querulanten einnehmen. Keiner möchte schließlich derjenige sein, der die schlechte Stimmung weiterverbreitet.) Ein Kompromissangebot ist auch immer eine Einladung, ein Gespräch abzubrechen.

Aber nur weil ein Vorschlag mehr oder weniger in der Mitte zwischen den vorgetragenen Positionen liegt, wird er keineswegs richtiger. Tappen Sie nicht in diese Falle. Sie werden kaum die Zeit haben, den Kompromiss auf mögliche Fallstricke zu überprüfen. Eine inhaltliche Auseinandersetzung sollte deshalb vermieden werden. Stattdessen gehen Sie zum Schein auf das Kompromissangebot ein, stellen aber Ihre Position noch mal deutlich heraus.

„Sie kennen meine Grundhaltung, ich glaube nicht an Verschwörungen einzelner Gruppen, dafür ist das System einfach zu komplex. Ich freue mich aber, dass wir hier einen Kompromiss gefunden haben und festhalten können, dass die Industrie nicht an allem schuld ist."

Ihr Gesprächspartner wird in aller Regel damit zufrieden sein. Wenn dieser dann aber noch mal seinen scheinbaren Kompromiss betont, halten Sie einfach dagegen. Wiederholen Sie stur Ihre Kernaussage. Diesmal sollen Sie das letzte Wort haben.

Wenn Ihr Gegenüber ebenfalls rhetorisch geschult ist, wird auch er wieder versuchen, seine Position zu wiederholen und das letzte Wort zu behalten. Das kann zu sehr witzigen Situationen führen. Irgendwann fällt beiden auf, dass sie den gleichen Trick anwenden. Sprechen Sie es dann einfach an: „Wir hatten wohl den gleichen Rhetoriktrainer".

Wiederholen, wiederholen, wiederholen

„Der amerikanische Präsident John F. Kennedy wurde von der Mafia oder der CIA oder Regierungsmitgliedern ermordet. Genaueres weiß nur der Filmregisseur Oliver Stone („J.F.K.")."

„Das ist nicht belegt, die Spuren sagen etwas anderes."

„Für mich steht das außer Zweifel, dass das ein Komplott war."

„Aber womit wollen Sie das belegen?"

„Das ist doch klar. Die Mafia oder die CIA haben ein Interesse gehabt und zack, weg war er."

„Aber womit wollen Sie das erklären, was waren das für Interessen?"

„Na, Interessen halt. Aber dass die CIA daran beteiligt war, ist sicher."

Natürlich ist der Trick mit der ständigen Wiederholung auch Ihrem Gegenüber bekannt. Wenn Sie die AAA-Regel verinnerlicht haben, diskutieren Sie auch nicht anders. Etwas ständig zu wiederholen etabliert die Aussage und bestätigt den Sender in seiner Ansicht. Fake News-Vertreter nutzen dieses Prinzip auch sehr gerne. Meist ist es aber nicht rhetorisches Geschick was, dahintersteckt, sondern einfach Unvermögen und mangelnde Argumente. Spätestens bei der dritten Wiederholung stellt sich eine Müdigkeit ein und man merkt, wie man selbst die Lust verliert. Diese Diskussionen sind einfach anstrengend. Analog unserem System gibt es dann zwei Möglichkeiten: Entweder Sie lassen die Sache auf sich beruhen und geben einfach auf – mit Argumenten kommt man eh nicht weiter. Oder Sie sehen es sportlich und halten dagegen. Sehen Sie es als Spiel an: Wer länger durchhalten kann, hat gewonnen, wer als Erster laut wird, hat verloren. Mit dieser Grundeinstellung schaffen Sie es, die Oberhand zu behalten.

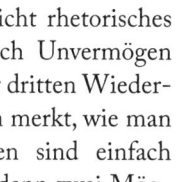

„Na, Interessen halt. Aber dass die CIA daran beteiligt war, ist sicher."

„Ja, das habe ich verstanden, aber was ist Ihr Argument dafür?"

„Das ist doch klar, die machen doch eh, was sie wollen."

„Ja, das ist aber immer noch kein Argument. Warum wollten Sie denn JFK umbringen?"

„Das ist doch klar, die hatten ein Interesse und dann haben sie es einfach getan."

„Ja, das ist aber immer noch kein Argument. Warum wollten Sie denn JFK umbringen?"

Der letzte Satz ist kein Fehler, eine solche Doppelung kann man auch bewusst einbringen, auch ruhig mehrmals. Das ist das letzte Mittel, um Ihr Gegenüber zu einer Aussage zu zwingen. Bleiben Sie aber auf jeden Fall freundlich, wenn Sie diese Taktik einsetzen. Manche Menschen können sehr ausfallend werden, wenn sie in eine Ecke gedrängt werden. Dann ist es besser, das Gespräch abzubrechen. Sie werden sowieso nichts mehr erreichen.

Anders sieht es aus, wenn Sie auf jemanden treffen, der die ständige Wiederholung bewusst als Taktik verwendet. Diese Personen hoffen darauf, dass Kritiker irgendwann ermüden und es leid sind zu korrigieren. Sie erkennen solche Menschen häufig an ihrem Auftreten und der Selbstsicherheit, mit der sie ihre Meinung vertreten. Durch ständiges Wiederholen sind sie selbst von ihrer Sichtweise überzeugt und haben schon unzählige Gespräche geführt, aus denen sie (vermeintlich) als Sieger hervorgegangen sind. (Vermeintlich, da sie nicht wissen können, ob sie ihr Gegenüber überzeugt haben.) Aber auf jeden Fall haben Sie es geschafft, Ihre Meinung beim Gegenüber zu verankern. Hier müssen Sie von Anfang an wachsam sein und dürfen sich nicht aus dem Konzept bringen lassen. Fragen Sie beständig und hartnäckig nach und zeigen Sie immer wieder auf, dass Ihr Gegenüber keine Argumente bringt. Lassen Sie nicht locker und werfen Sie auch keine eigenen Argumente ein.

„Sie wollten JFK umbringen und haben es auch geschafft."

„Verstanden, aber das ist eine Meinung und ich habe immer noch kein Argument gehört."

„Das braucht es auch nicht, die CIA hat JFK umgebracht, das ist erwiesen."

„Nur weil Sie ständig dasselbe wiederholen, wird es nicht richtiger. Was war denn nun der angebliche Grund dafür?"

„Da gibt es viele Gründe, aber dass sie hinter dem Mord dahinterstecken, kann ja nun wirklich keiner bezweifeln."

„Ich habe Ihre Meinung verstanden, Sie haben es auch schon mehrfach wiederholt. Aber ich habe immer noch kein einziges Argument dafür von Ihnen bekommen."

Und so weiter und so fort. Hier geht es wie gesagt wirklich nur noch darum, wer seine Linie länger durchhalten kann. Geben Sie nicht auf.

Ich sage mal, dass ich nichts sagen darf …

„HIV wurde in CIA-Labors entwickelt, um in den USA ethnische Gruppen wie Afroamerikaner oder Minderheiten wie Homosexuelle auszurotten. Aber das darf man ja nicht laut sagen."

„Warum darf man das nicht laut sagen?"

Dazu sage ich mal lieber nichts.

Es ist sinnlos, mit jemandem zu diskutieren, der sich einer Argumentation verweigert. Es ist ein beliebter Trick, so zu tun, als dürfe man seine Meinung nicht laut sagen. Nebenbei ist „Ich sage jetzt nichts" auch ein Selbstwiderspruch, denn dieser Satz wurde gesagt. Man kann nicht etwas sagen und zugleich nichts sagen. Zum einen kann man damit Aufmerksamkeit generieren nach dem Motto: „Also wenn man es nicht sagen darf, dann muss ja was dran sein", zum anderen kann man damit seine eigenen Widersprüche einfach stehen lassen: „Wenn ich nichts dazu sagen darf, muss ich auch keine rationalen Argumente anbringen." Vor allem wenn die Diskussion schon länger andauert, ist diese Technik ein Versuch, noch die Stellung zu halten. In vielen Fällen können Sie an diesem Satz erkennen, dass Ihrem Gegenüber die Argumente ausgegangen sind. Jetzt geht es nur noch darum, den anderen nicht aus der Schlinge entkommen zu lassen. Das Beste ist, hier einfach mit „Warum"-Fragen weiterzumachen und nicht locker zu lassen.

„Der Ursprung von HIV ist ja ausreichend belegt. Es ist verständlich, dass viele Menschen glauben, dass dunkle Mächte am Werk sind. Warum darf man dazu nichts sagen?"

„Wenn ich das laut ausspreche, kann das nur gegen mich verwendet werden."

„Warum? Wir sind doch unter uns."

„Das reicht schon."

„Warum? Denkst Du jemand von uns ist bei der CIA?"

„Nein, aber es ist zu gefährlich."

„Warum? Sind hier Mikrofone?"

Wenn Sie an dieser Stelle ein Ja erhalten, sind Sie im Bereich der pathologischen Paranoia. Dann diskutieren Sie mit einem Kranken und das hat keinen Sinn. Meist wird sich aber an dieser Stelle die Diskussion im Kreis drehen. Machen Sie sich einen Spaß daraus und bleiben Sie hartnäckig. Manchmal kann man damit viel über einen Menschen erfahren. Es gibt zum Beispiel auch Menschen, die sich mit diesem Satz als Hüter einer geheimen Wahrheit hervortun wollen. Nur sie wissen, wie die Welt funktioniert, aber leider dürfen sie ihr Wissen ja nicht weitergeben. Das passt natürlich sehr gut in ein Weltbild, wo geheimnisvolle Mächte am Werk sind und nur einzelne Personen im Besitz des Wissens sind. Ein herrliches Beispiel, warum Verschwörungstheorien so gut funktionieren (vor allem bei einer gewissen Sorte von Menschen).

Opferhaltung

„Es gibt eine jüdische Geheimor-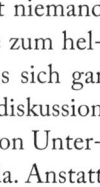
ganisation, die die Weltherrschaft
anstrebt. Das wird man ja wohl noch
sagen dürfen, aber dann bekommt
man ja gleich einen auf den Deckel von
wegen politische Korrektheit und so."

Die Einleitung: „Das wird man ja wohl noch sagen dürfen", ist
ein Widerspruch in sich. Schließlich wurde es gerade gesagt.
Mit diesem Trick wird so getan, als traue sich sonst niemand
seine Meinung zu sagen. Damit kann sich derjenige zum hel-
denhaften bzw. tragischen Opfer machen und muss sich gar
nicht mehr auf die anstrengende Ebene der Sachdiskussion
herunterlassen. Wenn jemand sich selbst als Opfer von Unter-
drückung inszenieren kann, steht er einfach besser da. Anstatt
unrecht zu haben, kann er sich in seinen Schmollwinkel
zurückziehen und einfach recht haben. Er kann sich im
Zusammenhang geschlossener Weltbilder als unverstandener
"tragischer Held" ganz bequem einrichten, womöglich noch
unter Verweis auf berühmte Vorbilder: „Jesus wurde auch nicht
verstanden." Im Endeffekt ist dieses Verhalten auch gut nachvollziehbar, Verfechter von Fake News und Verschwörungstheorien haben oft genug Widerstand und Unverständnis
gegenüber ihren vermeintlichen Wahrheiten erlebt. Wenn sie
diese Wahrheit nun nicht aufgeben wollen, hilft es ungemein,
sich in die Opferrolle zu flüchten. Im Endeffekt verhält sich
derjenige damit wie ein Kind. „Alle sind gemein zu mir und
gegen mich." Unterschätzen Sie nicht die Hartnäckigkeit eines
solchen Verhaltens. Teils stecken dahinter jahrzehntelange
Erfahrungen der Hilflosigkeit aus der Kinder- und Schulzeit.
„Ich kann ja eh machen, was ich will, dann mach ich lieber gar
nichts." Menschen aus ihrer Opferrolle herauszuholen ist ein
langer Prozess.

Versuchen Sie nicht, mit Verständnis zu reagieren. Damit bestärken Sie den anderen nur in seiner Rolle. Es gibt einfach Dinge, die man nicht sagen darf, weil sie rassistisch, intolerant, völliger Blödsinn sind oder direkte Angriffe auf Personen beinhalten. Es hat schon seinen Grund, warum es für das Zusammenleben von Menschen sinnvoll ist, verletzende Aussagen zu vermeiden.

„Ich glaube nicht an diese Verschwörungstheorie und ich habe immer Verständnis für Menschen, die einfache Lösungen suchen. Aber in der Tat, das darf man nicht sagen, weil es rassistisch/unanständig/hetzerisch ist. Da dürfen Sie nicht erwarten, dass ich da zustimme."

Andere Aussagen im Kontext Opferrolle sind zum Beispiel: „Hier kann man sowieso nicht mehr seine Meinung sagen!" oder „Hier sind sowieso alle gegen mich!" oder „Ich bekomme in den gleichgeschalteten Medien ja sowieso keine Chance, meine Ansichten angemessen auszuführen." Die Opferrolle ist, wie beschrieben, so schön einfach. Derjenige muss dann nicht mehr diskutieren, sondern kann jede Gegenmeinung als Bestätigung seiner Opferrolle sehen. Wenn Sie mit diesen Personen in dauerndem Kontakt stehen (Familienmitglieder, Freunde etc.), dürfen Sie auch mal deutlich werden, danach aber unbedingt gesprächsbereit bleiben:

„Doch, genau jetzt hast Du die Möglichkeit, Deine Meinung zu sagen. Hör aber auf, Dich selbst zu bemitleiden! Wir kennen uns schon so lange, da haben wir das doch nicht mehr nötig."

Aufregen und schreien

„Das kann ja wohl nicht angehen. Ich schufte den ganzen Tag und die bekommen alles in den Hintern geschoben. Das ist nicht mehr mein Land, so kann es nicht weitergehen. Wir müssen aufstehen und zeigen, wer wir sind."

„Wie soll das denn gehen, sollen wir eine Revolution auf die Straße bringen? Ich habe da so meine Zweifel".

„Du hast ja keine Ahnung. (Laut:) Du sitzt den ganzen Tag in Deinem warmen Büro und ich bin draußen auf dem Bau und sehe, was los ist.

Wer schreit, hat immer unrecht. Nur weil sich jemand aufregt oder betroffen von etwas ist, hat er nicht automatisch recht. Emotionalisierung wird gerne als Stimmungsmache in der politischen Auseinandersetzung verwendet. Es ist für jeden Menschen schwierig, jemanden zu widersprechen, der hochemotional ist und jeden Moment „überkocht". Der Instinkt rät einem, sich zurückzunehmen, um ja nicht zu provozieren. Viele Menschen denken auch, wenn sich jemand so emotional mit dem Thema beschäftigt, ist er auch authentisch, d.h. es muss etwas Wahres daran sein. Dieses Instrument wird gerne bewusst eingesetzt. In der Regel reicht ein einfaches Ansprechen der Emotionen. Aber hüten Sie sich vor den Menschen, die sich wirklich in ein Thema reinsteigern können. Diese Menschen sind nicht mehr mit Argumenten zu erreichen und fangen an, um sich zu schlagen. Bleiben Sie auf jeden Fall ruhig und halten Sie, wenn nötig, Abstand. Melden Sie zurück, dass Sie die Emotionen ernst nehmen, aber dass Sie über das Thema diskutieren wollen. Brechen Sie ab, wenn Sie merken, dass Sie nicht weiterkommen.

„Ich nehme wahr, dass Du von diesem Thema persönlich sehr betroffen bist. Dafür habe ich vollstes Verständnis. Können wir trotzdem versuchen, rational über das Thema zu diskutieren? Das würde es viel einfacher machen."

Einen Schritt weiter kommen dann direkte Angriffe ins Spiel. Meist flüchten sich Menschen in Beleidigungen oder direkte verbale Angriffe, wenn sie nicht mehr weiterwissen.

„Gerade Du müsstest eigentlich ganz ruhig sein."

„Sie als sogenannter Akademiker ..."

F"ür Dich als Gutmensch ist das natürlich alles einfach."

Ab hier ist eine zielführende Diskussion nicht mehr möglich. Mit dem direkten Angriff ist eine Grenze überschritten und dies müssen Sie auch deutlich machen. Ab dieser Schwelle sollten Sie auch besondere Vorsicht walten lassen. Ihr Gegenüber ist jetzt in seiner Aggression gefangen und Sie wissen nie, wie es reagieren wird. Ansonsten gilt wieder: Setzen Sie ein klares Stoppsignal.

„Stopp! Du hast mich jetzt beleidigt. Das geht so nicht. Wenn Du mich hier beschimpfst, breche ich das Gespräch sofort ab."

Ablenken vom Thema und Themenhüpfen

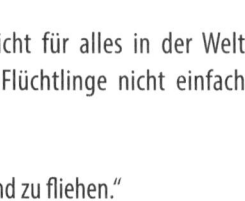

„Deutschland sollte sich nicht mehr schuldig fühlen. Wir haben das so gut aufgearbeitet, dann reicht es auch mal. „

„Aber als Deutsche haben wir immer noch eine Verpflichtung, uns nach den Erfahrungen des Nationalsozialismus besonders sensibel bei dem Thema zu verhalten."

„Aber irgendwann reicht es. Wir sind nicht für alles in der Welt verantwortlich. Wir können die ganzen Flüchtlinge nicht einfach reinlassen."

„Aber die Flüchtlinge haben doch einen Grund zu fliehen."

„Mit den ganzen Hartz IV-Leuten haben wir schon genug zu tun. Darum sollten sich die da oben mal damit beschäftigen, aber die sitzen doch eh nur die ganze Zeit rum und tun nichts."

Ein beliebtes Ablenkungsmanöver ist die Taktik, einfach das Thema zu wechseln. Es gibt tausend Möglichkeiten, eine Diskussion abzulenken oder umzulenken: „Sagen Sie jetzt mal was zu XYZ …" oder: „Zu …. haben Sie noch gar nichts gesagt und Sie wissen auch genau, warum." Wird diese Taktik bewusst eingesetzt, ist es ein Zeichen, dass dem Gegenüber die Argumente ausgehen. Vielfach wird diese Taktik aber eher unbewusst eingesetzt. Sie ist dann der hilflose Versuch, nicht seine Position aufgeben zu müssen (oder auch nur anzuerkennen, dass die Welt nun mal kompliziert ist und es keine einfachen Befreiungsschläge gibt).

Wenn Sie feststellen, dass Ihr Gegenüber bewusst vom Thema ablenkt, dann tappen Sie nicht in die Falle. Viele sind schnell versucht, auch das nächste Argument zu kontern und verrennen sich in ihrer eigenen Argumentation. Bleiben Sie stattdessen standhaft und versuchen Sie, am Thema zu bleiben.

„Wir haben aus unserer Geschichte eine besondere Verpflichtung. Ich weiß, dass das Thema vielschichtig ist und das Thema Flüchtlinge auch sehr interessant, aber jetzt sprechen wir gerade über die deutsche Schuld und da sollten wir erst einmal bleiben. Ich denke dazu …"

Wahrscheinlich werden Sie mehrmals darauf hinweisen müssen, was gerade das Thema ist. Das kann sehr anstrengend werden, eine Alternative gibt es aber leider nicht. Sie müssen immer wieder das Gespräch auf das ursprüngliche Thema zurückführen. Wenn Sie nicht mehr können, sagen Sie es einfach klar und deutlich. Sonst wird Ihr Gegenüber kein Ende finden.

„Thomas, ich kann nicht mehr. Du hast jetzt von deutscher Schuld, Flüchtlingsproblematik über Trump bis hin zu den unverschämten Benzinpreisen alles hervorgeholt. Ich habe den Faden verloren."

Anders sieht es aus, wenn Menschen ihren ganzen Frust und Ärger loswerden wollen. Da wird wild zwischen Themen hin und her gesprungen. Vielfach wird dann einfach alles herausgeholt, was auf der Seele brennt. Dann geht es um die Ungerechtigkeit der Welt, die bösen Nachbarn, die Globalisierung und um den Preis von Erdbeeren im Supermarkt. In diesen Situationen noch wirksam dagegen zu argumentieren ist fast unmöglich. Hier geht es wirklich nur noch um den Bauch und nicht mehr um den Kopf. Versuchen Sie dann, nicht mehr dagegenzuhalten. Manchmal ist es besser, einfach den Kopf auf Durchzug zu stellen

„Whataboutism"

„Russland hat bei der Annexion der Krim völlig richtig gehandelt. Die Krim gehörte immer schon zu Russland."

„Es gibt aber noch internationale Verträge. Und Russland hatte sich verpflichtet, das ukrainische Selbstbestimmungsrecht zu achten, mit dem Einmarsch auf die Krim hat es Völkerrecht gebrochen."

„Die Annexion der Krim mag völkerrechtswidrig sein. Aber der Westen hat auf dem Balkan auch das Völkerrecht gebrochen."

„Whataboutism", auf Deutsch „Was ist übrigens mit …" – dahinter steht der Trick, eine Meinung oder Handlung damit zu begründen, dass andere ebenfalls Dreck am Stecken haben. „Die Kirche sollte sich lieber erst mal um ihre Probleme kümmern, bevor sie sich in andere Angelegenheiten einmischt". Damit wird versucht, den Gegner in die Defensive zu drücken. Er muss jetzt dazu Stellung beziehen und das eigentliche Thema ist erst einmal nach hinten gestellt.

Tappen Sie nicht in diese Falle, auch wenn es manchmal schwerfällt. Wenn Sie es auf die Spitze treiben, müssten Sie Erklärungen für alles parat haben und das kann kein Mensch schaffen. Versuchen Sie stattdessen, wieder auf das ursprüngliche Thema zurückzukommen. Das neue Thema können Sie dann hinterher immer noch abarbeiten.

„Internationale Verträge haben einen Zweck, nämlich den Frieden zwischen den Staaten zu sichern. Dass die Welt nicht immer einfach ist, wissen wir beide. Aber jetzt geht es erst einmal um die Annexion der Krim, über den Balkan können wir immer noch sprechen. Ich bin der Meinung …"

Wie beim Punkt „Ablenken vom Thema" werden Sie dies wahrscheinlich auch mehrmals machen müssen. Im Gegensatz zum Ablenken wird der „Whataboutism" meist bewusst eingesetzt. Diese rhetorische Figur funktioniert leider zu gut und Menschen, die Fake News oder Verschwörungstheorien verbreiten, sind geschult darin, vom Hölzchen aufs Stöckchen zu kommen – solange bis ihr Gegner aufgibt und sie sich im Recht fühlen können. Es hilft nichts, Sie müssen dranbleiben und immer wieder auf das Thema zurückkommen. Bleiben Sie freundlich und direkt. Wer den längeren Atem hat, gewinnt.

Verunsichern durch abwegige Gegenfragen

„Lady Diana Spencer wurde im Auftrag des britischen Königshauses vom Geheimdienst MI6 oder einer ähnlichen Organisation in Paris umgebracht, weil die Windsors von ihrer neuen Schwangerschaft erfahren und einer Heirat mit dem ägyptischen Kaufhausbesitzersohn Dodi al-Fayed niemals zugestimmt hätten."

„Dafür gibt es keinen Beweis, auch wenn viele schon danach gesucht haben.

Woher wollen Sie denn wissen, dass das nicht stimmt? Sind Sie Experte zu dem Thema?"

Wenn man selbst keine guten Argumente hat, kann man wenigstens den Diskussionspartner aus dem Konzept bringen. Man kann ihn verunsichern oder in Zugzwang bringen. Ein Mittel dazu sind Gegenfragen (die nicht mal etwas zum Thema beitragen müssen). Der Trick ist, dass der Gesprächspartner die Frage gerade nicht einfach beantworten kann, sondern sich in der eigenen Argumentation verhaspelt und am Ende nicht mehr weiß, wo rechts und links ist. Bei Fake News-Vertretern ist es ein beliebtes Mittel, weil meist die Argumente schnell erschöpft sind. Verknüpft mit einem persönlichen Angriff oder einer Drohung wird so versucht, wieder in eine Position der Stärke zu kommen, solange bis der andere aufgibt. Um diese Taktik zu kontern, können Sie auf der gleichen Ebene antworten. Diesen Angriff müssen Sie abfedern. Wenn Sie hier nachgeben, wird Ihr Gegner diese Schwachstelle immer wieder aufgreifen. Grundsätzlich gilt: Wenn jemand Ihre Meinung nicht zulässt, fragen Sie ihn, warum seine Meinung relevanter sein soll. Wichtig ist dabei auch wieder, ruhig und gelassen zu bleiben, selbst wenn der Angriff persönlich wird.

„Wie gesagt, es gibt keinen Beweis. Ich verstehe, dass es Meinungen gibt, dass es nicht mit rechten Dingen zugegangen ist. Die Experten sind sich einig. Aber wenn Sie auch einer sind, dann erklären Sie mir doch mal, woher Ihre Expertise kommt."

Gerne werden im beruflichen Alltag mit dieser Taktik auch Machtfragen verknüpft. Wenn in einer Runde neue Ideen und Projekte besprochen werden, es um Macht, Einfluss, Personal, Finanzen geht, dann ist es ein beliebter Trick, den anderen aus dem Konzept zu bringen. Nach dem Motto: Wenn ich keinen eigenen Vorschlag habe, kann ich wenigstens den Vorschlag des Kollegen kaputtmachen.

„Haben Sie den Artikel in … gelesen? Nein? Dann frage ich mich, wie Sie sich hier überhaupt äußern können."

„Mein Vorschlag ist in sich schlüssig. Ich kann gut nachvollziehen, dass er nicht allen sofort einleuchtet. Ich bin sicher, unser Kollege kann uns den Artikel in einem Satz zusammenfassen und kurz und bündig erzählen, warum dieser dem Vorschlag entgegenstehen sollte."

Lassen Sie sich nicht verunsichern. Sie sind hier nicht in einer Prüfung. Wenn Sie sich auf Ihr System verlassen, kann Ihnen nichts passieren. Und falls man kurz und knackig antworten kann – warum nicht?

Sicher können Sie den Artikel in einem Satz zusammenfassen.

6.3 Argumentationsmuster

Neben den rhetorischen Tricks gibt es auch einfache Argumentationsschemata, die Vertreter von Fake News gerne anwenden. Auch diese Tricks sind nicht neu. Viele sind schon von den alten Griechen beschrieben worden und dienen seit Jahrtausenden dazu, Menschen zu überzeugen. Neu ist die Verbindung zum Phänomen Fake News. Wie im zweiten Kapitel gezeigt, sorgt das Internet mit seiner besonderen Diskussionskultur dafür, dass bestimmte Meinungen und Themen häufiger wahrgenommen werden, einfach weil sie die Emotionen ansprechen und nicht den Verstand. Diese Struktur schlägt sich auch in Diskussionen mit Personen nieder, die diese Dinge nur allzu gerne glauben. Im direkten Gespräch können Sie solche Argumentationsmuster leicht wiedererkennen und mit der richtigen Technik widerlegen.

Überblick: Argumentationsmuster

Einfache Lösungen	Gesunder Menschenverstand	Früher war alles besser	Stammtischparolen	Alarmismus
Die schweigende Mehrheit	Fundamentalisten	Ungenaue Quellen	Verallgemeinerungen	Falsche Alternativen
	Falscher Schluss	Unsichere Wirkung	Zirkelschluss	

Einfache Lösungen

„Alle kriminellen Ausländer abschieben. Es kann doch nicht sein, dass die hier ihre Straftaten begehen und dann mit einfachen Strafen abgespeist werden."

Menschen lieben einfache Lösungen. Mit einfachen Lösungen reduzieren sich die Komplexität und die Widersprüchlichkeiten des Lebens auf eine übersichtliche Ebene. Leider funktioniert die Welt nicht so. Trotzdem denken einige, man könnte es ja mal versuchen. Lassen Sie sich davon nicht beirren. In den allermeisten Fällen werden solche „Argumente" nicht vorgebracht, um Diskussionen zu gewinnen. Meist geht es nur darum, einmal seine Meinung zu sagen und den Druck loszuwerden. Wie schon gezeigt, möchten diese Menschen in ihrer Emotionalität bestärkt werden. Sie wollen Zustimmung ernten und nicht über die Schwierigkeiten ihrer Sichtweise belehrt werden. Deshalb reagieren solche Menschen auch sofort gereizt, wenn man sie auf die Widersprüchlichkeit ihrer Argumentation hinweist. Am einfachsten ist es deshalb, einfach stur nachzufragen, wie denn genau die einfache Lösung in der Praxis umgesetzt wird.

„Leider ist die Welt nicht so einfach. Ich habe vollstes Verständnis für den Wunsch nach einer einfachen Lösung. Die Frage ist dann aber (neben der Frage, wer als Ausländer zählt), ab wann ein Ausländer kriminell ist. Wenn er falsch parkt? Wenn er angezeigt wird? Oder wenn er rechtskräftig verurteilt wird?"

Der gesunde Menschenverstand

„Der gesunde Menschenverstand sagt einem, dass wir nur den Euro abschaffen müssen, dann haben wir auch wieder das Finanzsystem im Griff."

In die gleiche Kategorie wie „einfache Lösungen" gehört auch der Satz: „Der gesunde Menschenverstand sagt …" Ziel ist es, eine Meinung als vernünftig darzustellen, ohne sich um Argumente bemühen zu müssen. Es muss schließlich nicht mehr argumentiert werden, denn wer zweifelt schon den gesunden Menschenverstand an? In der Sache ist es nichts weiter als eine inhaltsleere Argumentation. Menschen, die diesen Satz verwenden, wollen auch gar nicht argumentieren. Sie wollen ihre Emotionen herauslassen und hoffen auf ein Gegenüber, das ähnlich denkt. Wollen Sie hier dagegenhalten, müssen Sie „nur" mit dem gleichen gesunden Menschenverstand argumentieren.

„Tja, mit dem gesunden Menschenverstand ist das so eine Sache. Ich kann gut verstehen, dass man sich einfache Lösungen wünscht. In der Sache ist das jedoch so, dass die Abschaffung des Euro so einfach auch nicht ist. Hier sagt der gesunde Menschenverstand, dass dann beispielsweise die Banken wieder horrende Gebühren für den Umtausch nehmen werden."

Anders sieht es aus, wenn Menschen diese Technik bewusst im Gespräch verwenden, um ein Argument darauf aufzubauen. Der Trick besteht dann darin, mit dem „gesunden Menschenverstand" eine Basis zu legen, die nicht mehr angezweifelt werden kann. In diesen Fällen müssen Sie den Trick offenlegen.

„Der gesunde Menschenverstand sagt uns, dass Menschen unterschiedlich sind. Deshalb sind Frauen für schwere körperliche Arbeiten nicht geschaffen. Es gibt halt Berufe, die sollten nur Männer übernehmen."

„Frauen können genauso viel wie Männer. Ich freue mich, dass der gesunde Menschenverstand an dieser Stelle bemüht wird. Dieser sagt nämlich, dass es auch körperlich schwache Männer gibt, so wie es auch viele starke Frauen gibt. Menschen sind halt unterschiedlich und deshalb sollten alle die gleichen Möglichkeiten haben."

Früher war alles besser – auch die Zukunft

„Früher war alles besser. Da waren Männer noch Männer und Frauen noch Frauen. Wenn wir nur die gute alte Zeit wiederhätten, hätten wir die ganzen Probleme nicht. Wir konnten als Kinder noch auf der Straße spielen, heute fahren ja alle ihre Kinder in der Gegend rum, angeschnallt in diese Autokindersitze. Wir durften noch auf der Rückbank spielen."

Das ist ein Klassiker. Den klügsten Satz dazu hat der große Philosoph Karl Valentin gesagt: „Die Zukunft war früher auch besser." Nicht von ungefähr wird dieser Satz gerne von älteren Herrschaften verwendet. Auch Donald Trump hat mit dieser Sichtweise seine Präsidentschaft gewonnen. Die Aussicht, wieder in der guten alten Zeit zu leben, hat viele Amerikaner aus den konservativen Regionen dazu gebracht, ihn zu wählen. Früher war aber vor allem eines besser: Man war jünger! Die erste Liebe, die erste Reise, alles war neu und alles aufregend. Aber war die Welt besser – die Kultur, die Technik, die Umwelt, die Sitten, die Verfolgung anderer Meinungen und Lebensansichten? Wer möchte zurück? Der Himmel über dem Ruhrgebiet war schwarz, die Nachkriegszeit dumpf, die Sitten konservativ. Natürlich gab es früher Dinge, die besser waren, aber halt auch viele, die sehr viel schlechter waren.

Wer solche „Argumente" benutzt, möchte auch gar nicht über das Thema reden. Vielmehr steht dahinter der Wunsch nach einer übersichtlichen Welt. Sie müssen gar nicht auf diese Argumentation eingehen, das hat sowieso keinen Zweck. Nehmen Sie es stattdessen mit Humor (Karl Valentin lässt sich immer gut zitieren) und führen Sie auf das Thema zurück. Bei hartnäckigen Probanden müssen Sie überlegen, ob eine weitere Diskussion überhaupt noch Sinn hat. Wenn Sie noch Energie haben: einfach dagegenhalten, irgendwann ist einer von beiden erschöpft.

„Früher war alles besser, auch die Zukunft. Dass Schwule und Lesben nicht mehr verfolgt werden, halte ich für einen zivilisatorischen Fortschritt. Ich wünsche mir manchmal auch die alte Zeit wieder zurück. Aber darum geht es ja auch gar nicht. Wir hatten das Thema …"

Das Argument mit der guten alten Zeit funktioniert übrigens auch anders herum: „Nach neuesten Erkenntnissen …" oder „Ihre Ansichten sind veraltet, heute geht man davon aus …". Im Wesentlichen ist das einfach nur der Umkehrschluss des Arguments: „Früher haben wir es aber so und so gemacht". Nur weil etwas neu ist, ist es nicht automatisch richtig. Nur weil eine angeblich revolutionäre Diät neu sein soll, wird sie nicht unbedingt revolutionäre Ergebnisse zeigen.

„Die Scharrbilder von Nazca in Peru sind ein Raumflughafen von Außerirdischen. Neueste Erkenntnisse zeigen, dass die Bilder genau so angeordnet sind, dass die Füße eines Raumschiffes exakt in die Bilder passen."

„Die Scharrbilder können viele Funktionen haben, religiöse sind wahrscheinlich. Dass Menschen hier alternative Erklärungen suchen, ist verständlich. Es ist nicht gesagt, dass diese Erkenntnisse richtig sind, nur weil sie neu sind. Vielmehr zeigen alle Indizien in die gleiche Richtung."

Stammtischparolen (Die da oben etc.)

„Die da oben machen doch eh, was sie wollen, von den Sorgen der einfachen Leute haben die doch gar keine Ahnung mehr. Von einer Demokratie kann doch bei uns keine Rede mehr sein."

Diese Stammtischparole wird häufig verwendet. Wenn Fake News-Vertreter auf vermeintliche Eliten schimpfen, dann gerne in Verbindung mit den einfachen kleinen Leuten. Eigentlich wird mit diesem Begriff eine Art Fatalismus ausgedrückt: „Wir können ja eh nichts machen, obwohl wir es besser wissen". Gerne werden damit auch Verschwörungstheorien unterlegt: Eine kleine Gruppe lenkt unbemerkt die Welt.

Diese Art der Argumentation wird auch von Populisten verwendet, die einen Gegensatz zu den „anderen" aufmachen möchten, um sich selbst zu profilieren. Ob es wirklich so ist, ist dabei gar nicht wichtig. Man denke nur an das Spitzenpersonal der AfD im Bundestagswahlkampf 2017: ein seit 30 Jahren in der Politik aktiver Spitzenkandidat und eine Kandidatin, die steuerbefreit in der Schweiz lebt, als Vorkämpfer wider die Eliten sind sie nicht wirklich authentisch.

„Ich bin froh, in einer Demokratie zu leben, wo ich selbst die Möglichkeit habe, Einfluss zu nehmen. Ich habe Verständnis für alle, denen es zu viel Arbeit ist, sich zu engagieren. Aber im Gegensatz zu anderen Systemen wird man hier nicht verhaftet, wenn man öffentlich Position bezieht."

An dieser Stelle passiert es leider häufig, dass gar nicht mehr auf das Thema eingegangen wird, sondern nur noch auf die Eliten geschimpft wird. Diesen Stammtischparolen können Sie nicht entfliehen. Wie gezeigt geht es nur noch um eine vermeintliche Hilflosigkeit der Welt gegenüber und um den gefühlten Verlust der eigenen Autonomie. Hier wird es nicht mehr funktionieren, auf das eigentliche Thema hinzuweisen. Dann ist es eher sinnvoll, das Thema Eliten aufzugreifen.

„Wer gehört denn Ihrer Meinung nach zu den Eliten?"

„Na, die da oben eben. Die ganzen Politiker halt."

„Also alle Politiker, auch diejenigen, die sich auf regionaler Ebene ehrenamtlich engagieren?"

„Ja alle, die machen doch eh ihr Ding."

„Interessant. Dann bin ich ja auch Elite. Ich engagiere mich ehrenamtlich im Bürgerrat. Bin ich dann auch korrupt?"

„Nein, also so meinte ich das jetzt auch nicht."

Alarmismus

„Die Windkraft versaut unser schönes Land. Wenn das so weitergeht, kann man in ein paar Jahren vor lauter Windrädern nicht mehr in den Himmel schauen. Wir müssen der Verspargelung unserer Landschaft Einhalt gebieten, die Ökofaschisten pflastern uns sonst die Windräder in unsere Vorgärten. Wenn wir jetzt nicht handeln, ist es zu spät."

Menschen in hysterische Aufregung zu versetzen ist ein alter Trick. Einer malt die dunkelsten Bilder an die Wand und spricht damit die Ängste der Zuhörenden an. Der Bauch sagt dann, dass unbedingt etwas getan werden muss, um dies zu verhindern. Ob diese Horrorszenarien wirklich Realität werden können, ist nicht wichtig. Wichtig ist nur, in Aktion zu treten. Jemand, der sich nicht in diesen Alarmzustand versetzen lässt, hat einfach den Ernst der Lage noch nicht verstanden. Bleiben Sie stattdessen ruhig und gehen Sie nicht auf den Alarmismus ein.

„Wir brauchen die Windkraft als einen Baustein für eine zukünftige Energieversorgung. Sie fühlen sich durch die Entwicklung bedroht. Dass sie der Boom verunsichert, kann ich verstehen. Allerdings gibt es klare Regelungen, welche Mindestabstände Windkraftanlagen zu Häusern, schützenswerten Gebieten und anderen Anlagen haben müssen. Diese Regelungen verhindern den Bau von Windkraftanlagen in Vorgärten. Angesichts der Pachterträge solcher Anlagen gibt es hier wahrscheinlich viele, die das bedauernswert finden."

Der Trick mit dem Alarmismus wird auch gerne benutzt, um die Akzeptanz eines »Ausnahmezustands« zu fordern, der den Bruch mit anderen Regeln rechtfertigt. In diesen Fällen müssen Sie diesen Punkt aufgreifen und zeigen, dass es klare Grenzen gibt.

„Ungarn und Polen sind schon auf dem Weg in die Autokratie. Um Europa zu retten, müssen wir jetzt handeln und diese Länder aus der EU ausschließen."

„Die Europäische Union lebt von der gleichberechtigten Zusammenarbeit der Staaten. Ich freue mich, dass es Menschen gibt, die sich Sorgen um die Union machen. Reiner Alarmismus hilft hier aber nicht weiter. Die EU hat noch lange nicht ihre Möglichkeiten ausgeschöpft. Lassen wir die Kirche erstmal im Dorf."

Die schweigende Mehrheit

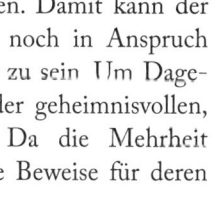

„Wir brauchen die Kohle für eine sichere Energieerzeugung. Ohne Kohle können wir morgen dicht machen. Windkraft ist ja gut und schön, aber es weht nicht immer. Wenn wir den Standort Deutschland behalten wollen, dürfen wir nicht auf diese Energiequelle verzichten. Sonst würden bei uns die Lichter ausgehen."

„Aber in Umfragen sieht die Mehrheit der Bevölkerung dies anders."

„Ja, Umfragen. Fragen Sie mal die schweigende Mehrheit, die ist völlig mit mir eins."

Wenn einem die Argumente ausgehen, beruft man sich einfach auf die schweigende Mehrheit. Ob es die wirklich gibt, kann ja keiner überprüfen – schließlich schweigt die Mehrheit. Dahinter steckt implizit auch die Aussage, dass alle anderen sich nicht trauen, sich zu Wort zu melden. Damit kann der Sprecher dieser Mehrheit für sich auch noch in Anspruch nehmen, besonders mutig und kompetent zu sein. Um Dagegenzuhalten brauchen Sie nur die Idee der geheimnisvollen, schweigenden Mehrheit anzusprechen. Da die Mehrheit schweigt, wird auch die Gegenseite keine Beweise für deren Existenz liefern können.

„Windkraft ist ein wesentlicher Faktor der Energiewende, schon jetzt ist die Produktion billiger als bei jeder anderen Energiequelle. Natürlich gibt es noch Interessensgruppen, die ihre alten Pfründe verteidigen wollen, dafür habe ich vollstes Vertändnis. Nur mit einer angeblichen schweigenden Mehrheit zu argumentieren reicht eben nicht. Wer soll denn die schweigende Mehrheit sein?"

Fundamentalisten

„Die Russen haben an einem geheimen Stützpunkt in Sibirien Kinder in außersinnlicher Wahrnehmung ausgebildet. Die Kinder können allein mit ihren Gedanken Menschen an jedem beliebigen Ort auf der Welt töten."

„Gibt es dafür irgendeinen Beweis?"

„Es ist klar, dass Sie mich angreifen, denn Sie können gar nicht anders, weil Sie die Wahrheit nicht erkennen wollen."

Wie gezeigt beruhen die meisten Verschwörungstheorien auf einem in sich geschlossenen Weltbild. Wenn sich jemand so in seinem Weltbild verschanzt hat, dass er völlig davon überzeugt ist, wird jede Kritik nur abprallen. Im Gegenteil, andere Meinungen dienen als Bestätigung: „Weil die Wahrheit so ungeheuerlich ist, leugnen sie alle anderen". Hinzu kommt noch ein zweiter Aspekt, der insbesondere bei religiösen (aber auch weltlichen) Überzeugungen zum Tragen kommt: „Ich muss jetzt ganz stark sein, der andere will mich verführen, von der Wahrheit abzufallen." Spinnt man diesen Gedanken weiter, werden automatisch alle, die das Weltbild nicht teilen, zu Gegnern bzw. Feinden. Irgendwann fühlen sich solche Menschen in ihrer Wagenburg nur noch von Feinden umzingelt. Die bittere Realität ist, dass dagegen ab einem bestimmten Punkt nicht anzukommen ist. Sie müssen viel Zeit investieren, um diese Menschen überhaupt noch zu erreichen. Im direkten Gespräch müssen Sie dies ansprechen.

„Ich glaube nicht an diese Art von Verschwörungstheorien. Es ist schön, dass es Menschen gibt, die sich mit solchen Dingen beschäftigen. Aber wenn Sie sowieso schon sicher sind, die Wahrheit gepachtet zu haben, frage ich mich, wozu wir hier eigentlich miteinander reden."

Wenn Sie das Gefühl haben, hinter der Argumentation steckt kein Weltbild, sondern nur allgemeiner Frust oder Taktik, dann kann es sich lohnen, die Tür noch einen Spalt weit offen zu lassen.

„Was müsste ich denn tun, damit Sie bereit wären, wirklich mit mir über das Thema zu diskutieren?"

Ungenaue Quellen

„US-Präsident Bill Clinton hat dem der Schauspieler John Travolta bei einem persönlichen Gespräch zugesichert, die Scientology-Sekte bei ihren Schwierigkeiten in Deutschland zu unterstützen. Dieses Versprechen ist erfolgt, damit in dem Hollywood-Film „Primary Colors" ein positiveres Bild Clintons gezeichnet wird."

„Aber es ist doch bestätigt worden, dass Travoltas Aussagen und der Bericht völlig unzutreffend sind, vielmehr handelt es sich um eine konstruierte Verschwörungstheorie."

„Das wurde in einem Bericht des amerikanischen Magazins „George" von Travolta selber bestätigt. Und wenn er es selber sagt …"

Wahlweise können Sie auch „In einer unabhängigen Studie …" oder „XYZ hat dazu gesagt …" oder „Im Internet habe ich gelesen…" einfügen. Argumenten ein zusätzliches Gewicht durch externe Autoritäten zu verleihen, gehört zu einer guten Argumentation dazu. Sie müssten in dieser Situation die Möglichkeit haben, die Quelle zu prüfen: Ist die Informationsquelle seriös? Ist das eine renommierte Studie? Ist der Experte überhaupt anerkannt im Blick auf das Thema oder ist er Experte für etwas ganz anderes? Im direkten Gespräch haben Sie diese Möglichkeit natürlich nicht. Hier hilft nur, nachzufragen und ggf. die Quelle infrage zu stellen. Wenn Sie selbst mit einer anderen Quelle dagegenhalten, steht wie vor Gericht Aussage gegen Aussage. Am besten ist natürlich, Sie können beides verbinden.

„Ich persönlich glaube ja nicht an Verschwörungstheorien. Ich habe vollstes Verständnis für die Furcht vor dieser Sekte. Aber das Magazin „George" kenne ich überhaupt nicht und bezweifle, dass man das hier zitieren kann. Ich kann nur auf den Präsidentenberater Sandy Berger verweisen, der den Bericht als völlig unzutreffend bezeichnete."

Zu dieser Technik gehört auch die Selbstinszenierung durch Wichtigtuerei oder vermeintliches Expertentum: „Ich als erfahrene Führungskraft …" oder „Ich bin seit dreißig Jahren zu diesem Thema aktiv …" Klar ist, dass jeder seine Argumente durch ein starkes Auftreten verstärken kann, aber es gilt eben auch: Das Argument stimmt oder stimmt nicht, egal wie erfahren, groß, stark oder wichtig die Person ist.

„Ich beobachte die Szene seit 20 Jahren. Da werden Sie mir nicht erzählen wollen, dass …"

„Doch! Weil mich Ihre Argumente nicht überzeugen und weil meine Beobachtungen sich nicht mit Ihren decken."

Verallgemeinerung

„Die Muslime in Deutschland machen mir Angst. Das kann doch auf Dauer nicht gut gehen."

„Warum, was genau macht Dir Angst?"

„Noch nie haben Christen und Muslime auf Dauer friedlich in einem Land zusammengelebt. Das kann doch nicht gut gehen."

Es ist für jeden von uns ein ganz normaler Prozess, Dinge zu verallgemeinern. „Gestern habe ich diese Frucht gegessen, heute lebe ich noch, also sind alle diese Früchte essbar", Verallgemeinerungen dieser Art sind sind ein fundamentales Prinzip, um am Leben zu bleiben. Ohne diesen Prozess wäre unser Gehirn dauerhaft überlastet und könnte nicht mal einfachste Entscheidungen treffen. Mit diesem Prinzip schafft es unser Gehirn, wertvollen Arbeitsspeicher frei zu halten, damit wir uns wichtigeren Dingen zuwenden können. Auch im täglichen Umgang miteinander wenden wir dieses an: „Wenn ich unsere Nachbarn nett grüße, habe ich ein besseres Miteinander erreicht. Also grüße ich alle Nachbarn, dann wird es schon klappen mit der Nachbarschaft."

Umgekehrt gilt das Prinzip natürlich genauso: Wenn Menschen mehr als einmal eine schlechte Erfahrung machen, fangen sie an, ihre Meinung zu verfestigen und zu verallgemeinern, um sich für die Zukunft zu wappnen und ihre Orientierung im sozialen Miteinander zu vereinfachen. Da fallen dann Aussagen wie: „Alle Rumänen sind doch Verbrecher!" oder „Das ist doch typisch für die Asiaten".

Es gibt aber nur eine Verallgemeinerung, die immer stimmt: dass Verallgemeinerungen fast nie stimmen. Verlangen Sie von Ihrem Gegenüber konkrete und präzise Daten, Zahlen und Fakten, wenn er sich in Allgemeinheiten flüchtet. Und bleiben Sie hartnäckig. Meist muss Ihr Gegenüber dann einlenken.

„Ich persönlich glaube, dass Muslime und Christen friedlich zusammenleben können. Angesichts der derzeitigen Weltlage könnte man meinen, dass es nur Konflikte gibt. Aber wenn man sagt, dass es in der Geschichte nie ein friedliches Zusammenleben gab, dann möchte ich doch gerne wissen, von welchen Zeiträumen wir genau sprechen. Von welchen Ländern und welchen Konflikten?"

Hüten Sie sich vor einfachen Gegenbeweisen. „Also mein Nachbar ist Muslim und mit dem lebe ich recht friedlich zusammen". Jetzt müsste Ihr Gegenüber zugeben, dass Sie recht haben. Leider geschieht dies nur sehr selten. Ihr Gegenüber wird entgegnen: „Der ist ja auch kein richtiger Muslim, der lebt ja schon seit 50 Jahren hier." Den Gegenbeweis als Ausnahme

zu definieren funktioniert immer wieder, egal wie viele Gegen-
beweise Sie anbringen. Ihr Gegenüber wird einfach jedes
weitere Argument als Ausnahme auffassen. Lassen Sie sich
nicht in diesen Teufelskreis einfangen. Nageln Sie lieber Ihr
Gegenüber auf seine Aussage fest. Wenn das Gespräch erschöpft
ist, können Sie immer noch Ihren „Joker" ziehen. Damit können
Sie dann auch das Gespräch beenden.

„Wir sehen, dass wir hier nicht weiterkommen. Ich könnte jetzt hundert
weitere Beispiele anbringen, aber dafür fehlt uns hier die Zeit. Lassen Sie
uns mit einem Beispiel aus meiner direkten Nachbarschaft abschließen:
Mein Nachbar ist Muslim und mit dem lebe ich schon seit 15 Jahren
friedlich zusammen. Anscheinend funktioniert es ja doch."

Falsche Alternative

„Es ist doch klar, dass Europa ein Demokratiedefizit
hat, deshalb gibt es nur eine Alternative, wir
müssen das ganze System stoppen und uns wieder
auf die Nation besinnen. Nur im Nationalstaat
können wir unsere Souveränität behalten."

Aus einem Problem wird nur eine mögliche Lösung abgeleitet.
Für die Zuhörer klingt das überzeugend, denn es wird eine
logische Beweiskette aufgebaut. Wenn „A", dann müssen wir
„B" und darauf folgt „C". Diese Taktik wird häufig bewusst eingesetzt, um eine Position zu begründen. Ob das Problem
wirklich auf die Position hinführt, ist dabei nicht wichtig. Es
wird nur eine einfache Alternative angeboten, nach dem Motto
„Leben oder Tod" oder „Schwarz oder Weiß".

Dass die Wirklichkeit nicht schwarz-weiß ist, sondern viele
Schattierungen besitzt, wird dabei ausgeblendet. Es gibt immer
alternative Handlungsmöglichkeiten, nur sind die Folgen dann
andere. Das berühmte Kanzlerwort von Angela Merkel zur „Al-
ternativlosigkeit" der Bankenrettung macht nur dann Sinn,

wenn alle anderen Folgen bekannt sind und verworfen wurden. Hierüber können Sie diskutieren, einfache, platte Aussagen dienen aber nicht der Wahrheitsfindung. Die Antwort auf diese Taktik ist relativ einfach: diese ansprechen und auf alternative Möglichkeiten verweisen.

„Europa ist die Antwort auf die Zersplitterung des Kontinents. Als geeinigte Akteure können wir den großen Weltmächten auf Augenhöhe begegnen. Ich habe großes Verständnis für die Sehnsucht nach einem behaglichen Heim. Aber der Schluss, auf Basis eines Problems gleich das ganze System infrage zu stellen, der erschließt sich mir nicht. Um die Demokratie zu stärken, haben wir noch genug Spielraum."

Die falsche Alternative kann auch anders herum aufgebaut werden: Es wird eine perfekte, aber unrealistische Realität beschrieben, um damit das ganze System infrage zu stellen. Alle (realistischen) Alternativen können dann nicht ausreichen, um das Ideal zu erreichen.

„Politiker müssen den Menschen ihre Sorgen nehmen. Aber kein einziger Politiker tut dies. Deshalb taugen alle Politiker nichts."

„Politiker sind auch nur Menschen. Es wäre schön, wenn jemand anders meine Sorgen übernehmen könnte. Aber dass alle Politiker nichts taugen, den Schluss kann ich nicht nachvollziehen. Stattdessen . . ."

Falscher Schluss

„Die Klimamaßnahmen schwächen die amerikanische Wirtschaft. Deshalb ist es klar, dass der Klimawandel von den Chinesen erfunden wurde, um die amerikanische Wirtschaft zu schwächen."

Hinter dieser Argumentation steht die Annahme, dass jemand, der von einem Ereignis (möglicherweise) profitiert hat, auch das Ereignis mit verursacht haben müsse. Gerne kommt dieser Verdacht im Zusammenhang mit geschlossenen Weltbildern und Verschwörungstheorien vor. Ziel ist es, die eigene Theorie auf ein logisches Fundament zu stellen, wie z. B. in der Aussage: „Die Militärindustrie steckt hinter terroristischen Anschlägen, damit sie mehr Waffen verkaufen kann." Auch hier wird wieder eine einfache Lösung für ein komplexes Problem angeboten, welche die Zuhörer in der Regel gerne annehmen. Sprechen Sie hier wieder an, dass es (leider) keine einfachen Lösungen für komplexe Probleme gibt.

Der Klimawandel ist eine der größten Herausforderungen für die Menschheit. Es wäre schön, wenn dies eine reine Erfindung wäre, dann hätten wir viel weniger Probleme. Auf der Basis einer möglichen Schwächung der amerikanischen Wirtschaft aber auf ein chinesisches Komplott zu schließen, das ist dann doch zu einfach. 98 % aller Klimaforscher sind sich einig …

Ursache – Wirkung

„Je mehr Flüchtlinge wir aufnehmen, umso größer wird die Terrorgefahr. Um uns selbst zu schützen, müssen wir aufhören, Flüchtlinge aufzunehmen."

In die gleiche Richtung zielt die einfache Ursache-Wirkung-Taktik. Weil „A", muss „B" sein. Mit dieser Taktik wird versucht, Ereignisse, die nacheinander oder zur gleichen Zeit auftreten, als Ursache und Wirkung zu verkoppeln. Nacheinander oder zugleich bedeutet aber gerade nicht „weil" oder „wegen". Dieser logische Fehlschluss ist aber weit verbreitet und wird häufig auch aus Unwissenheit verwendet. „Weil ich das Medikament XYZ genommen habe, habe ich keine Erkältung bekommen." Dass es aber einfach sein kann, dass auch ohne

Medikament keine Erkältung gekommen wäre, wird dabei ausgeblendet. So galt auch lange Zeit: „Es gibt viel mehr Manager als Managerinnen, weil Männer von Natur aus intelligenter sind." Dass es aber auch daran liegen könnte, dass Frauen systematisch benachteiligt werden, wurde nicht berücksichtigt. Es gibt noch Hunderte weitere Beispiele. Sie müssen aufpassen, dass Sie nicht selbst auf das System reinfallen. Ein Hinweis ist immer dann gegeben, wenn jemand einfache Kausalzusammenhänge herstellt, dann müssen Sie allerdings schnell nachdenken.

„Flüchtlinge sind nicht automatisch Terroristen. Wenn wir mit einem Stopp die Terrorgefahr beseitigen könnten, würde ich mir solch einfache Lösung auch wünschen. Allerdings sind die meisten Anschläge von Einheimischen begangen worden. Ursache und Wirkung liegen also weit auseinander. Wie gehen wir damit um?"

Zirkelschluss

„Homosexualität ist eine Strafe Gottes. Das ist wahr, weil es in der Bibel steht. Die Bibel hat immer recht, denn sie ist Gottes Wort, und das ist wahr!"

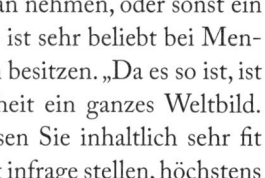

„Aber die Bibel kann man doch unterschiedlich auslegen."

Die Bibel ist Gottes Wort, denn es steht geschrieben: „Alle Schrift ist von Gott eingegeben".

Wahlweise können Sie auch den Koran nehmen, oder sonst ein Buch. Der Zirkelschluss als Methode ist sehr beliebt bei Menschen, die unumstößliche Wahrheiten besitzen. „Da es so ist, ist es so." Meist hängt an dieser Wahrheit ein ganzes Weltbild. Wollen Sie hier dagegenhalten, müssen Sie inhaltlich sehr fit sein. Die Grundlagen sollten Sie nicht infrage stellen, höchstens die Interpretation können Sie beeinflussen.

„Die Bibel ist von Menschen in ihrer Zeit geschrieben. Ich habe großen Respekt vor Menschen, die die Bibel zeitgemäß auslegen. Das, was Du sagst, sagt aber noch nichts darüber aus, wie zu verstehen ist, was in der Bibel steht."

Auch Fake News werden gerne mit vermeintlich authentischen Quellen verteidigt: „Ich habe es aber auf der Seite XYZ gelesen und wenn es da steht, dann muss auch was dran sein." Man kann dieses „Argument" auch umdrehen: „Weil an der Geschichte etwas Wahres dran ist, haben sie es ja auf der Seite XYZ geschrieben". Dass dies als Argument nicht taugt, sieht man jetzt auf den ersten Blick. Hier hilft ein einfacher Verweis auf die Unsicherheit der Quelle.

„Nur weil es jemand geschrieben hat, muss es nicht wahr sein. In der heutigen Zeit ist es sehr schwierig geworden, seriöse Quellen zu erkennen. Ich habe die Geschichte gerade gegoogelt und hier die Gegenaussage gefunden."

Molière verspottete in einer seiner Komödien schon im 17. Jahrhundert treffend diese Art der Argumentation: Der Vater einer stummen Tochter möchte wissen, warum seine Tochter stumm ist. „Nichts einfacher als das", antwortet der Arzt, „das hängt vom verlorenen Sprachvermögen ab." „Natürlich, natürlich", entgegnet der Vater, „aber sagen Sie mir bitte, aus welchem Grunde hat sie das Sprachvermögen verloren?" Darauf der Arzt: „Alle unsere besten Autoren sagen uns, dass das vom Unvermögen abhängt, die Sprache zu beherrschen."

Das mit dem parallel Googeln ist natürlich ein Idealfall. Wenn Sie in einer gemütlichen Runde sitzen, können Sie aber Ihr Smartphone nutzen. Das ist schließlich nicht verboten. In den allermeisten Fällen wird der Zirkelschluss aber einfach nur verwendet, um platte Meinungen zu verbreiten Es wird nichts begründet, sondern dasselbe mit anderen Worten wiederholt:

„Flüchtlinge sind gefährlich für Deutschland?"

„Warum?"

„Weil sie uns bedrohen."

Oder:

„Der Islam gehört nicht zu Deutschland!"

„Wieso?"

„Weil er keine deutsche Religion ist."

Hier hilft dann einfach nur noch beharrliches Nachfragen, warum dies so sein soll. Wird ein konkretes Beispiel genannt, können Sie darauf antworten. Wenn ihr Gegenüber einfach seine Sätze wiederholt, dann nutzen Sie die Gesprächstechnik „Wiederholen, wiederholen, wiederholen" (vgl. vorheriger Abschnitt 6.2)

6.4 Abschließende Worte

Bei allen hier vorgestellten Techniken gibt es für die richtige Reaktion eine Herausforderung: Sie müssen die Technik im Gespräch erkennen und die Gegenmaßnahme parat haben. Dies wird nicht immer gelingen. Aber verzweifeln Sie nicht. Mit der AAA-Technik haben Sie schon mal Zeit gewonnen und können Ihre Kernaussage unterbringen. Die richtige Reaktion auf die jeweilige Gesprächstaktik Ihres Gegenübers ist dann das Sahnehäubchen. Achten Sie in Gesprächen und

Debatten auf rhetorische Tricks und Kniffe. Sie werden diese mit der Zeit immer leichter erkennen. Ansonsten halten Sie sich an Cicero:

„Reden lernt man durch reden. "

Marcus Tullius Cicero,
römischer Staatsmann und Schriftsteller,
106–43 v. Chr.

Kapitel 7: Abschluss und Ausblick

7.1 Was bringt die Zukunft?

Aber hier, wie überhaupt, kommt es anders,
als man glaubt.

(Wilhelm Busch in „Plisch und Plum")

Die Zukunft ist ein ungewisses Feld.
Anders kann man es nicht sagen. Prog-
nosen sind schwierig und meist überholt
die Realität die besten Vorhersagen. In unserem Falle kann man
aber mit Fug und Recht behaupten, dass das Thema Fake News
uns noch lange beschäftigen wird, zum einen weil es wie gezeigt
kein neues Phänomen ist, sondern es sich „nur" um alte Lügen
in neuem Gewand handelt, zum anderen weil die liberale
Gesellschaft von vielen Seiten unter Beschuss liegt. Autoritäre
Systeme sind derzeit auf dem Vormarsch. Die Globalisierung
mit den dazugehörigen Umbrüchen führt in weiten Teilen der
Bevölkerung zu Unsicherheit und stärkt den Wunsch nach einfachen Lösungen in einem begrenzten überschaubaren Rahmen.
Schon oft in der Geschichte haben Umbrüche starke autoritäre
Regierungen an die Macht gebracht. Der Wunsch des Men-
schen nach überschaubarer Sicherheit ist ein Grundbedürfnis.
Auf diesem Wunsch baut mehr oder weniger unser gesamtes
Gesellschaftssystem auf.

⟳ Neue technische Möglichkeiten

Die massenhafte Verbreitung von Fake News wird erst durch
die sozialen Medien zum Massenphänomen. Schon heute säen
Propagandisten in Form von alternativen Fakten systematisch
Zweifel, sei es beim Krieg in der Ukraine oder bei der
Behauptung, der Klimawandel sei eine Erfindung der Chi-
nesen. Bislang können dafür Texte und Fotos genutzt werden,

inzwischen verlieren aber auch Fotos an Aussagekraft. Wie leicht diese gefälscht werden können, ist inzwischen in weiten Kreisen der Bevölkerung angekommen (trotzdem ist es immer noch schwierig, sich der Wirkung zu entziehen)." Photoshop" hat hier für die Aufklärung Wunder gewirkt.

Filme hingegen galten bislang als überführend. Auch wenn mit verkürzten oder aus dem Zusammenhang geschnittenen Aussagen gearbeitet werden konnte, bestand doch immerhin noch die Möglichkeit, mit Originalaufnahmen den Wahrheitsgehalt aufzuzeigen. Justus Thies von der Universität Erlangen zeigte in einem beeindruckenden Video aber auf, wie weit die Technologie inzwischen auch in diesem Bereich fortgeschritten ist. Im März 2016 präsentierte er mit Kollegen vom Max-Planck-Institut und der Universität Standfort eine Technologie, die er „Face2Face" nennt. Diese Technologie ermöglicht es, in Echtzeit die Mimik und die Bewegungen eines aufgenommenen Gesichts in eine Videoaufnahme zu übertragen. In einem kurzen Film zeigt er eine Rede von George W. Bush. Er selbst sitzt daneben und steuert mit seinem Gesicht die Mimik von Bush. Lächelt er, lächelt auch Bush, zieht er die Brauen zusammen, zieht auch Bush die Brauen zusammen (zu finden

1839 lieferten sich zwei Erfinder ein Rennen um die Patentierung ihres Fotografieverfahrens, Hippolyte Bayard und Louis Daguerre, der schließlich als Erster ein Patent von der französischen Regierung erhalten sollte. Bayard protestierte mit seiner fotografischen Fälschung „Selbstporträt eines Ertrunkenen", mit der er sich als Leiche inszenierte, gewissermaßen ersäuft von seinem Konkurrenten. Mit diesem Schauspiel avancierte Bayard zumindest zum ersten „Fotofälscher" in der Geschichte der Fotografie.

auf YouTube mit den Schlagworten Justus Thies, Bush). Mit dieser Technik ist es möglich, einen Kommentar komplett zu verändern. Der Fake ist nicht mehr erkennbar.

Im Bereich der Stimme hat Adobe mit „VoCo" ein Programm vorgestellt, dass Stimmen täuschend echt nachmachen kann. Es reichen lediglich 20 Minuten Originalton und die Technik schafft es, die Stimme dieses Menschen extrem realistisch zu simulieren. Diese Stimme kann dann einen beliebigen Text sprechen. Mit Copy-and-paste können Passagen aus Sätzen ausgeschnitten oder in diese eingebaut werden. Die Maschine imitiert die Intonation, Stimmlage und Sprechpausen der betreffenden Person.

Das Potenzial dieser beiden Techniken (und es gibt noch mehr) ist gewaltig – und kann sehr leicht gegen Institutionen und Regierende eingesetzt werden. Wie gezeigt ist das vorrangige Ziel von „professionellen" Fake News-Vertretern, Unsicherheit zu erzeugen. Mit den technologischen Möglichkeiten wird es immer einfacher, Zweifel und Ängste zu wecken. Ein Ausschnitt einer Rede in den sozialen Medien, gut gemacht, wird von vielen als echt akzeptiert. Dafür benötigt man auch keine Superrechner oder ausgefeilte Programmierkünste. Ein einfacher Laptop reicht inzwischen. Möglich ist selbst ein „Hack" in Echtzeit, zum Beispiel bei einer Pressekonferenz – über das Fernsehen verbreitet, erreicht er in Sekundenschnelle das Publikum. Bereiten wir uns darauf vor. Doch es gibt auch Hoffnung.

➲ Nur eine kleine Gruppe

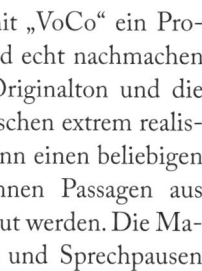

Fake News-Vertreter, Verschwörungstheoretiker, moderne Lügner sind in Wahrheit nur eine kleine Gruppe. Nach einer Analyse des Institute for Strategic Dialogue (ISD) sind lediglich 5 Prozent der Accounts für 50 Prozent der „Likes" bei rechten Hasskommentaren verantwortlich. Und von den 5 % waren wiederrum nur wenige Accounts besonders aktiv. Nur 1 % der Nutzer sind für 25 % der „Likes" verantwortlich. Die Forschenden werteten im Januar 2018 rund 3000 Veröffentlichungen und 18.000 Kommentare auf Facebook zu Beiträgen von renommierten Nachrichteninstituten aus.

Lediglich mit den Instrumenten der neuen Medien kann es so aussehen, als stehe hinter den Personen eine breite Mehrheit. Nicht jeder „Like", nicht jeder Beitrag in einer Kommentarspalte kommt von realen Personen. Wenige „Trollfabriken" reichen aus, um gezielt das Netz mit polarisierenden Meinungen zu überfluten. Die Funktionsweise von Facebook und anderen Netzwerken unterstützt dies, denn polarisierende Debatten erhalten durch den Algorithmus eine höhere Reichweite als sachliche Diskussionen.

Aber langsam dreht sich der Wind. Facebook will aufgrund der Erfahrungen im amerikanischen Wahlkampf seine Algorithmen ändern, Nachrichtenportale verzichten bei bestimmten Themen auf Kommentarspalten und viele Menschen haben verstanden, dass das Internet kein Hort der Freiheit mehr ist, sondern auch zu dunklen Zwecken genutzt werden kann. Kurz: Der Gesellschaft ist bewusst geworden, dass die neuen Medien kein Seelenheil versprechen, sondern eine Technik wie jede andere sind, mit guten und mit schlechten Seiten.

⤵ Alles schon mal da gewesen

Im Endeffekt ist damit eine Entwicklung vollzogen, die bereits mit dem Buchdruck begonnen hat. Die Reformation unter Martin Luther war auch deswegen so erfolgreich, weil Schmähschriften und politische Botschaften mit dem neuen Instrument Buchdruck massenhaft unter das Volk gebracht wurden. Mit dem Telefon verband sich einst die Hoffnung, dass Kriege der Vergangenheit angehören würden, dass Konflikte durch direkte Kommunikation entschärft werden könnten. Die Nationalsozialisten sorgten für die massenhafte Verbreitung des Volksempfängers, um mit dem Medium Radio Propaganda zu betreiben. Die Filmindustrie war ein dankbares Vehikel, um im Kalten

Krieg die Vormachtstellung des Westens zu zeigen. Und so weiter und so fort. Mit der Einführung jeder neuen Technik verbanden sich Wünsche und die Hoffnung auf eine bessere Welt. Aber schon nach kurzer Zeit zeigten sich auch die negativen Seiten. In dieser Phase sind wir nun als Gesellschaft im Hinblick auf das Internet. Jetzt geht es darum, Mechanismen zu entwickeln, mit denen wir die Vorteile erhalten können, aber die Nachteile vermeiden.

⟳ Es wird besser

Die Ideen für ein „sauberes Internet" stehen noch am Anfang, Befürworter eines freien Internets stehen dabei den Regulatoren gegenüber. Welche Seite sich wie durchsetzen 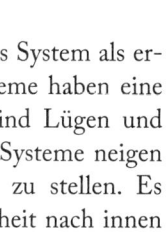 wird, ist noch unklar. Viele gute Ansätze gibt es bereits:

- Hate-Finder – ein Instrument, das hassverbreitende Accounts identifizieren soll,
- Fakten-Checker, die überprüfen, ob eine Nachricht auf Tatsachen beruht,
- einzelne User-Gruppen, die Propaganda entlarven.

Es wird sich zeigen, wie eine freie Gesellschaft mit den Risiken des Internets umgehen kann. Die Gefahr bleibt, dass sich die Hassrhetorik normalisiert und sich die Menschen einschüchtern lassen. Damit hätten die Gegner einer offenen Gesellschaft ihr Ziel erreicht, die Mehrheit wäre still und sie weiterhin laut.

Aber bislang hat sich unser demokratisches System als erstaunlich stabil erwiesen. Demokratische Systeme haben eine innere Reinigungsfunktion, offen diskutiert sind Lügen und Betrug nicht so einfach zu halten. Autoritäre Systeme neigen hingegen dazu, ihren Eigenerhalt über alles zu stellen. Es werden Feinde benötigt, um eine Geschlossenheit nach innen zu erzeugen. Dies erzeugt innere und äußere Spannungen, die sich häufig in Gewalt entladen.

Ein Blick in die Realität hilft. Der Brexit hat nicht so einfach funktioniert, wie die Befürworter versprochen haben. Autokratische Systeme wie in Ungarn oder der Türkei müssen mit erheblichen inneren Konflikten leben. Trump verstärkt die innere Zerrissenheit der USA, Russland unter Putin verliert an Wirtschaftskraft. Ein demokratisches System ist erheblich stabiler, nicht perfekt, aber das Beste, was wir haben. Auch diese Krise wird das System verarbeiten – wenn wir nicht in Panik verfallen.

Absehbar ist immerhin schon jetzt eine höhere Wertschätzung der etablierten Medien. Wenn man keinem mehr trauen kann, dann wenigstens dem etablierten Journalismus. Auch hier hat die Selbstreinigung schon eingesetzt. Nachrichten werden stärker auf den Wahrheitsgehalt geprüft, Fakten und Meinung stärker getrennt, neue Kennzeichnungen für unsichere Quellen überprüft. Der Wert des Journalismus als Kontrollinstanz wird zunehmen.

Ein großes „Aber" bleibt: Nicht alle werden kritisch mit den neuen Möglichkeiten der Kommunikation umgehen. Ein Teil der Bevölkerung wird weiterhin in seiner Echokammer bleiben. Die Frage ist, wie schaffen wir es, diesen Teil möglichst klein zu halten. Und da kommen Sie als Leser ins Spiel.

7.2 Was kann ich tun?

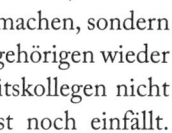

„Es gibt Menschen, die Vernunft als
Einschränkung ihrer Freiheit sehen."
Frei nach Horst Evers

🕯 **Bleiben Sie dran, halten Sie in**
Diskussionen die Stellung.

Das kann anstrengend sein, aber denken Sie daran, es lohnt
sich. Nicht nur um die Gesellschaft besser zu machen, sondern
auch, um Freunde zu behalten, mit Familienangehörigen wieder
einen netten Abend zu haben, gewissen Arbeitskollegen nicht
das Feld zu überlassen und was Ihnen sonst noch einfällt.
Halten Sie einen Gedanken fest: Mit etwas Geduld und einem
entspannten Auftreten lassen sich viele Menschen vom Guten
überzeugen.

🕯 **Nutzen Sie Ihr Wissen.**

Es kann auch Spaß bringen, sich mit Fake News-Vertretern zu
unterhalten. Man kann dabei eine Menge über Menschen
lernen. Lassen Sie sich Fake News zuschicken und reagieren Sie
darauf – entspannt und mit dem Wissen, dass Sie Menschen
nur zum Nachdenken anregen können. Menschen zu überzeugen
ist hingegen ein langwieriger Prozess. Aber vertrauen
Sie sich selbst, Sie werden garantiert Erfolgserlebnisse haben.
Üben Sie die Techniken aus dem Buch.

Damit könnte man eigentlich dieses Handbuch abschließen.
Wenn Sie es durchgelesen haben, werden Sie sicher
schon Ihre Themen und Ihre Argumente bereit haben. Sie
brauchen Ihr Wissen nur noch in die Praxis umzusetzen.
Denken Sie immer daran, je öfter Sie in Ihrem alltäglichen
Leben Ihre Argumentationstechnik üben, desto besser werden
Sie mit der Zeit. Und das Tolle daran ist, es kann sogar Spaß
machen. Probieren Sie es einfach aus, zu Beginn mit einfachen
Themen im Freundeskreis oder im Verein und auf Partys. Da

kann man auch mal abstruse Thesen vertreten und anhand der Argumentationsmuster verfechten. Machen Sie das aber nur bei guten Freunden – oder bei Menschen, die Sie garantiert nicht wiedersehen. Denn Sie werden schnell Erfolge merken. Argumentieren um des Argumentierens willen kann viel Spaß machen.

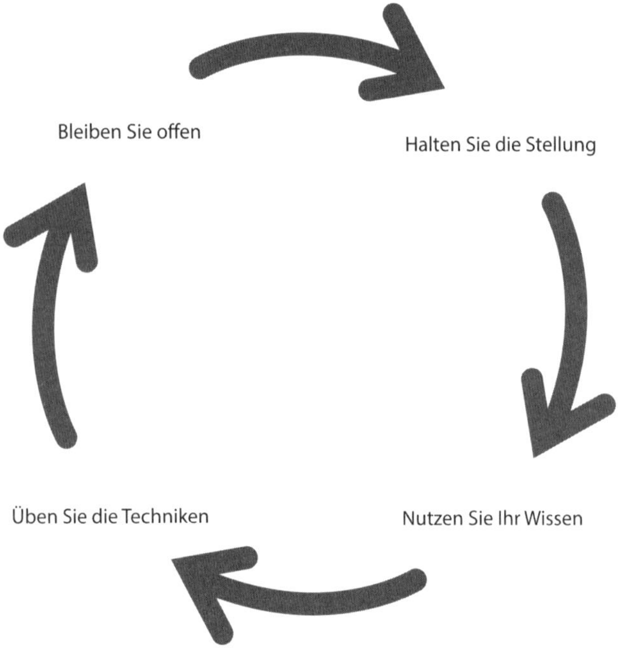

Bleiben Sie offen

Halten Sie die Stellung

Üben Sie die Techniken

Nutzen Sie Ihr Wissen

Bleiben Sie offen.

Und nicht zuletzt: In unserer modernen Welt ist die Wirklichkeit vielgestaltig. Es gibt in vielen Fällen nicht mehr die „eine Wahrheit". Allein über die Frage, ob Außerirdische die Erde besucht haben, kann man vortrefflich streiten. Alle dafür bislang angebrachten Indizien lassen sich einfacher mit menschlichen oder natürlichen Phänomenen erklären, aber einen Gegenbeweis kann keiner erbringen. Das Außerirdische nicht

(!) auf unserem Planeten leben, das kann kein Mensch beweisen. Nutzen Sie dieses Beispiel für Ihren Alltag. Wenn Sie auf einen Vertreter einer wirren Verschwörungstheorie treffen oder mit Verfechtern von Fake News diskutieren, stellen Sie auch sich selbst immer wieder infrage: „Bin ich wirklich im Besitz der Wahrheit?". Bei Asbest kamen die ersten Warnungen in den 50er-Jahren auf. Der Dieselskandal zeigt das enge Zusammenspiel von Politik und Industrie. Eine Antwort können nur Sie selbst sich geben, aber keine Sorge: In der Regel werden Sie schnell merken, wer auf der „richtigen Seite" steht.

Als Gedächtnisstütze finden Sie auf den folgenden beiden Seiten jeweils zehn Gebote für direkte Gespräche und den Umgang mit den modernen Medien. Hängen Sie sich diese über Ihren Schreibtisch oder an die Kühlschranktür. Viel Erfolg!

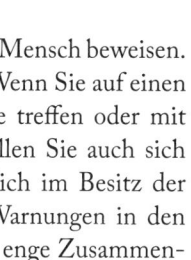

Neue Kryptotechnik könnte helfen, unsichere Quellen aufzuzeigen. Jede Datei, die versendet wird, erhielte dann von ihrem Ersteller eine digitale, verschlüsselte Signatur, mit der er für ihre Echtheit bürgt. Der Empfänger könnte dann selbst entscheiden, für wie glaubwürdig oder eben unglaubwürdig er den Sender hält. Professionelle Redaktionen könnten so eine Nachrichtenkette zurückverfolgen und die Quelle prüfen. Der Rest wäre dann das, was er wirklich ist: manipulierter Müll.

7.3 Zehn Gebote im Umgang mit Fake News

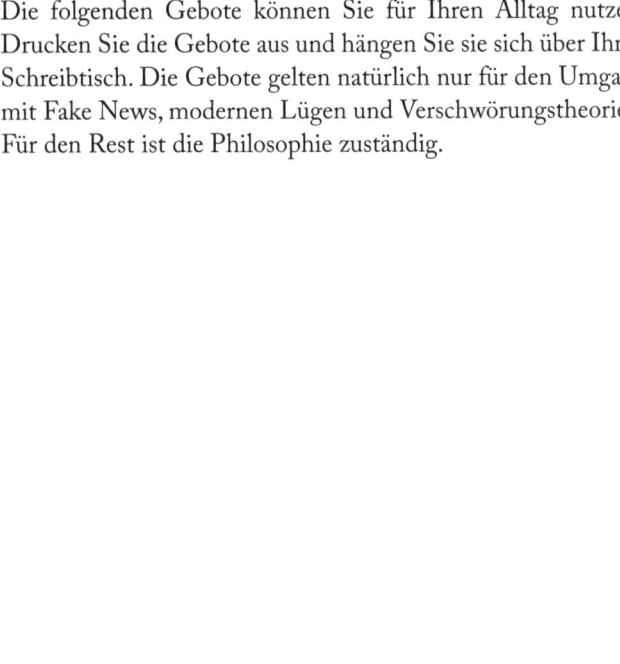

„Grau ist alle Theorie."

Goethe (Faust)

Die folgenden Gebote können Sie für Ihren Alltag nutzen. Drucken Sie die Gebote aus und hängen Sie sie sich über Ihren Schreibtisch. Die Gebote gelten natürlich nur für den Umgang mit Fake News, modernen Lügen und Verschwörungstheorien. Für den Rest ist die Philosophie zuständig.

10 Gebote für ein besseres Leben mit Kollegen, Freunden und Verwandten

1.	**Haben Sie Verständnis.**
	Viele Menschen wollen einfach vor der Kompliziertheit der modernen Welt fliehen und suchen einfache Antworten. Dieser Wunsch ist verständlich.
2.	**Üben Sie Ihre Argumentationstechnik.**
	Je öfter Sie sich auf Streitgespräche einlassen, desto leichter wird es Ihnen fallen, darin zu bestehen.
3.	**Argumentieren Sie verständlich.**
	Hochgestochen „daherschwätzen" kann jeder. Vermeiden Sie Fremdwörter, komplizierte Sätze und komplexe Argumentationsketten– lieber einfach und wirkungsvoll als unverständlich und langweilig.
4.	**Bleiben Sie in Diskussionen freundlich.**
	Lächeln Sie einfach, egal was der andere Ihnen an den Kopf wirft. Mit etwas Geduld beruhigt sich Ihr Gegenüber.
5.	**Kontrollieren Sie Ihren Ärger und Ihre Wut.**
	Passen Sie sich auf keinen Fall Ihrem Gegner an. Sie sind der Boss, Sie haben es nicht nötig zu schreien.
6.	**Halten Sie dagegen. Lassen Sie sich nicht mit einfachen Argumentationstricks abspeisen.**
	Ziehen Sie Ihre Kernaussagen durch, egal was kommt. Sehen Sie es als Spiel: Wer zuerst aufgibt, verliert.
7.	**Vermeiden Sie unnütze Gespräche.**
	Wenn Sie merken, es bringt nichts mehr, bringt es nichts mehr. Ein taktischer Rückzug ist besser als eine endlose Schlacht.
8.	**Lassen Sie Dinge auch mal auf sich beruhen.**
	Seien Sie nicht zu verbissen, man hat schnell einen Ruf weg. Lieber einmal etwas weniger sagen, dafür das nächste Mal umso wirkungsvoller.
9.	**Lesen Sie seriöse Nachrichtenquellen.**
	Ignorieren Sie den Rest. Bleiben Sie bei Skandalen kritisch, bei hochkochenden Emotionen noch kritischer. Fragen Sie sich immer: Kann das wirklich sein?
10.	**Seien Sie nachsichtig mit sich selbst.** **Seien Sie auch kritisch sich selbst gegenüber.**
	Manchmal kann auch an der wahnwitzigsten Verschwörungstheorie etwas dran sein. Manchmal wird man von der Wirklichkeit überrascht.

7.4 Zehn Gebote im Umgang mit Social Media

Auch für den Umgang mit den neuen Medien können Sie sich wieder zehn Gebote merken. Wenden Sie diese Regeln auf Ihr eigenes Social Media-Verhalten an. Jeder von uns kann aber seinen Beitrag liefern, damit wir das Internet als einen Hort des freien Austausches erhalten können. Ein hehres Ziel – ob wir es schaffen, wird die Zukunft zeigen.

10 Gebote für ein besseres Leben mit Social Media	
1.	**Sie sind verantwortlich.**
	alles was sie liken oder weiterschicken, liegt in ihrer verantwortung. geben sie dies auch ihren freunden und kindern mit auf den weg.
2.	**Stehen Sie zu Ihren Fehlern.**
	Reden Sie sich nicht damit heraus, dass Sie „es" nur weitergeleitet haben. Wenn Sie eine Lüge weitererzählen, können Sie sich auch nicht mit Unwissenheit rechtfertigen.
3.	**Bleiben Sie generell kritisch bei allem, was Sie hören.**
	Fragen Sie sich zuerst: Kann das so stimmen? – Wer kann ein Interesse daran haben, das zu behaupten?
4.	**Lassen Sie sich Zeit mit der Weiterleitung.**
	Denken Sie kurz darüber nach, was Sie gerade tun. Die Welt wird nicht untergehen, wenn Sie nicht sofort diese Nachricht an alle Ihre Freunde schicken. Lassen Sie sich auch nicht unter Stress setzen.
5.	**Prüfen Sie Nachrichten.**
	Bei vielen Fake News hilft es, einmal die Überschrift bei Google einzugeben. Sie finden dann meist eine ziemlich einfache Erklärung.
6.	**Glauben Sie nicht an Bilder oder Videos.**
	Es ist heutzutage kinderleicht, diese zu fälschen, vor allem wenn professionelle Interessen dahinterstehen.
7.	**Denken Sie langfristig.**
	Will ich meine guten Freunde vergraulen, weil ich jeden Mist weiterschicke? Oder will ich meine wichtigsten Personen behalten? Wie möchte ich wahrgenommen werden?
8.	**Zählen Sie Ihre wahren Freunde.**
	Ist es wirklich wichtig, viele Likes von Unbekannten (meist Social Bots) zu sammeln? Hängt Ihr Wohlbefinden davon ab, wie viele Follower Sie haben, die Sie nicht kennen?
9.	**Halten Sie auch mal dagegen.**
	Sagen Sie Ihren Freunden, wenn es Blödsinn ist, was sie weitergeleitet haben. Helfen Sie ihnen, ebenfalls ein besseres Social Media-Leben zu führen.
10.	**Seien Sie nachsichtig mit sich selbst.**
	Jeder fällt mal auf eine gute Nachricht rein. Entschuldigen Sie sich bei Ihren Freunden und lernen Sie daraus. Jeder darf mal Fehler machen.

Literaturempfehlungen

Argumentieren unter Stress: Wie man unfaire Angriffe erfolgreich abwehrt – Albert Thiele, DTV, München (2016)
Gut für den Berufsalltag geeignet.

Überzeugend argumentieren: 15 Bausteine für erfolgreiche Rhetorik – Albert Thiele, Gabler, Wiesbaden (1999)
Erstes Buch vom gleichen Autor, stark businessorientiert

Schlüsselkompetenz Argumentation (Uni Tipps, Band 3428) – Markus Herrmann und Michael Hoppmann, UTB, Paderborn (2012)
Für den Alltag in Wissenschaft und Universität

Argumentieren – (Haufe Taschen Guide) – Andreas Edmüller und Thomas Wilhelm, Haufe-Verlag, München (2011)
Guter Ratgeber, behandelt die Basics

Beeinflussen – Überzeugen – Manipulieren: Seriöse und skrupellose Rhetorik – Heinz Ryborz, metropolitan, Düsseldorf, (2017)

Carlsen Klartext: Fake News Taschenbuch – Karoline Kuhla, Carlsen, Hamburg (2017)
Guter Überblick über falsche und echte Meldungen

Lügen im Netz – Wie Fake News, Populisten und unkontrollierte Technik uns manipulieren – Ingrid Brodnig, Christian Brandstätter Verlag, Wien (2017)
Stark auf online Medien bezogen.

Argumentationstraining gegen Stammtischparolen. Materialien und Anleitungen für Bildungsarbeit und Selbstlernen

– Klaus-Peter Hufer, Wochenschau Verlag, Schwalbach/Ts. (2000)
Gutes Buch, um auf Stammtischparolen reagieren zu können

Argumente am Stammtisch: Erfolgreich gegen Parolen, Palaver und Populismus – Klaus-Peter Hufer, Wochenschau Verlag, Frankfurt/M. (2018)
Nachfolgebuch

Politik wagen: Ein Argumentationstraining – Christian Boeser-Schnebel, Klaus-Peter Hufer, Karin Schnebel und Florian Wenzel, Wochenschau Verlag, Schwalbach/Ts. (2016)
Guter Ansatz um argumentieren zu lernen – stark auf Politik ausgerichtet

Die einen nennen es FAKE NEWS, die anderen Enthüllungen: Wer einmal lügt, dem glaubt man nicht ... – Jan van Helsing und Michael Morris, Amadeus Verlag, Fichtenau (2017)
Eine eher wissenschaftliche Analyse zum Thema

Fuck The Facts: Wege aus der Falle des Postfaktischen – Robert Burdy, Buch Funk Leipzig 2017
Interessante Mischung zwischen Wissenschaft und Praxis

Fake News: Ein Handbuch für Schule und Unterricht - Armin Himmelrath und Julia Egbers, hep Verlag, Bern (2018)
Interessantes Buch für den Schulunterricht

Fake News machen Geschichte: Gerüchte und Falschmeldungen im 20. und 21. Jahrhundert - Lars-Broder Keil, Sven Felix Kellerhoff, Christoph Links Verlag, Berlin (2017)
Schöne Übersicht über Mythen und Gerüchte und wie sie entstanden sind

Postfaktisch: Die neue Wirklichkeit in Zeiten von Bullshit, Fake News und Verschwörungstheorien – Vincent F. Hendricks, Mads Vestergaard, Random House, München (2018)
Analyse der Mechanismen, die hinter Fake News und modernen Lügen stehen

Zwischen Lügenpresse und Fake News: Eine Analyse (Politik und Kommunikation) – Andreas Unterberger, Frank und Frei, Wien (2017)
Hintergrundanalyse bezüglich Journalismus und Umgang mit Fake News

Der Postillon: Real News Taschenbuch – Stefan Sichermann, Riva Verlag, München (2017)
Real Fake News. Lustige Beispiele für und Anekdoten über Fake News – nicht ernst zu nehmen

Internet

Fake News – SPIEGEL ONLINE www.spiegel.de/thema/fake_news
Sammlung von Themen und Berichten

Spezial zum Thema „Fake News" | bpb https://www.bpb.de/gesellschaft/medien/246326/spezial-fake-news
Was sind Fake News? Welche Rolle spielt ihre Verbreitung in sozialen Netzwerken?

Fake News – Wikipedia https://de.wikipedia.org/wiki/Fake_News
Natürlich die erste Adresse

FAKE NEWS – Nachrichten und Themen | www.tagesschau.
de https://www.tagesschau.de/thema/fake_news/index.html
Spezial zum Thema

Fake-News: Was passiert, wenn die Wahrheit stirbt | ZEIT ...
www.zeit.de/thema/fake-news
Reportagen und Berichte zum Thema FakeNews

Fake-News - klicksafe.de
www.klicksafe.de/themen/problematische-inhalte/fake-news
Übersicht über Probleme und Inhalte

Niedersächsischer Bildungsserver: Fake News ... www.
stop-fake-news.nibis.de
Fake News erkennen und Strategien dagegen.

Fake-News – netzpolitik.org https://netzpolitik.org/tag/fake-
news
Berichte und Nachrichten zum Thema

Ein Wort zum Schluss

Wenn Ihnen dieses Buch gefallen oder sogar geholfen hat, schreiben Sie mir einfach. Unter

www.gegen-fake-news.de

finden Sie eine Zusammenstellung der besten Erfahrungen und Geschichten sowie viele weiterführende Informationen.

Viel Erfolg!

Thorben Prenzel

Ein dickes Danke an:

- meine Familie für die Unterstützung,
- an alle meine Seminarteilnehmer*innen für Ihr Feedback
- und an Ulrike Wischner für die Korrekturen.